JN417289

헝가리어 표준 교재 A1

본 교재는 2018년 정부(교육부 국립국제교육원) '특수외국어교육 진흥 사업'의
지원을 받아 수행된 결과입니다. (CFL-한국외-2018-헝가리-C-1)

Szervusztok!

Sztenderd **Magyar** Tankönyv

헝가리어 표준 교재

Szia!

유진일 · Kovács Sándor

A1

Isten hozott!

HU:iNE

Előszó

머리말

1989년에 한국과 헝가리 사이에 외교관계가 수립된 이래로 양국 간의 관계는 긴밀해졌다. 한 때 유럽이 경제 위기를 겪으면서 경제교류를 비롯한 양국 간의 교류가 어려움을 겪기도 했지만 최근에 인적, 물적 교류가 크게 증가하면서 금년에는 인천-부다페스트 직항로가 개설되기도 하였다. 최근에 전 세계적으로 불고 있는 한류 열풍으로 헝가리에서는 한국어를 포함한 한국문화에 대한 관심이 급속히 증가하였고 반대로 한국 기업체들은 다른 유럽 국가들에 비해 유리한 투자 조건에 따라 최근에 헝가리에 대한 직간접 투자를 눈에 띨 정도로 늘리고 있다. 현재 헝가리 내에는 약 300여개의 한국 기업체가 있으나 2-3년 사이에 그 두 배로 증가할 것으로 전망하고 있다. 이렇게 밀접해지는 한국과 헝가리 관계 속에서 2018년에 특수외국어교육진흥법이 발효되었다. 이 법률에 따라 그동안 사립대학에 맡겨져 있던 특수외국어 교육을 국가에서 지원하기 시작했다. 각 언어별로 표준교육과정 마련, 교재개발, 평가문항개발, 앱사전개발, K-MOOC 사업을 기본으로 특수외국어 전공 학생과 일반인 수강생 지원 사업 등 다양한 지원이 이루어지고 있다. 따라서 본 교재는 특수외국어교육진흥법에 따라 헝가리어를 체계적으로 교육할 목적으로 개발된 교재이다.

본 교재는 유럽의회가 마련한 유럽연합 공통 언어 표준등급(CEFR)을 참고하여 개발되었는데 표준 등급은 A1, A2, B1, B2, C1, C2 총 6개의 단계로 구분되어 있다. 헝가리어 등급 A1은 유럽의회가 발표한 유럽연합 공통 언어 표준등급(CEFR)의 첫 번째 단계로 일반적으로 "입문"으로 불리며 실제로 A1보다 낮은 수준도 여기에 포함될 수 있다. 헝가리어를 이제 막 배우기 시작한 학생이나, 헝가리어를 한 번도 배운 적이 없는 사람은 A1 이전 수준이다. 헝가리어 등급 A2는 유럽연합 공통 언어 표준등급의 두 번째 등급으로 일반적으로 이 등급은 "제 헝가리어는 기본적인 수준입니다"라고 말할 때의 "기본"수준을 말한다고 할 수 있다. 공식적인 등급 명칭은 "초급"이라고 사용하고 있다. 이 등급에서, 학생들은 헝가리어의 기본을 마스터하고 간단하고 기본적인 요구사항들에 대해 대화할 수 있다. 헝가리어 등급 B1은 유럽연합 공통 언어 표준등급의 세 번째 등급으로 이 등급은 "중급"으로 불리며 학생들은 헝가리어의 기본은 넘어섰으나 아직 헝가리어로만 업무나 학업을 하기에는 어려움이 있는 단계이다. 헝가리어 등급 B2는 유럽연합 공통 언어 표준등급의 네 번째 등급으로 이 등급은 "전 헝가리어로 자신 있게 말할 수 있습니다"라고 말할 때의 "자신 있는" 수준을 말한다고 할 수 있다. 공식적인 등급 명칭은 "중상급"이며 이 등급은 뉘앙스와 정확성에서는 다소 제한적이지만, 다양한 학업 및 전문적 환경에서 헝가리어를 사용하여 독립적으로 임할 수 있는 단계이다. 헝가리어 등급 C1은 유럽연합 공통 언어 표준등급의 다섯 번째 등급으로 이 등급은 "상급"으로 불리며 이 등급에 속하는 학생들은 광범위하고 다양한 주제들에 대해 상당히 정확한 표현들을 알고 있으며, 사전 준비 없이도 거의 모든 상황에서 헝가리어를 구사할 수 있다. 헝가리어 등급 C2는 유럽연합 공통 언어 표준등급의 마지막 등급으로 이 등급은 이중언어자(bilingual)의 수준을 말한다고 할 수 있다. 고학력의 원어민들이 점수 상으로 C2 등급에 속해 있다. 상대적으로 소수의 헝가리어 학습자만이 이 등급에 도달하는데 학교나 직장에서 이 수준의 헝가리어까지는 요구하지 않는 것이 일반적이다.

본 교재는 유럽연합 공통 언어 표준등급 6단계 중 첫 단계인 A1단계의 교재로 향후 헝가리어를 능숙하게 구사하기 위한 가장 토대가 되는 교재이다. 아무쪼록 본 교재를 통해 헝가리어 실력의 토대를 마련하고 향후 더 높은 단계에서의 헝가리어 학습에 도움이 되기를 바란다.

2019년 8월 저자

Tudnivalók

일러두기

『헝가리어 표준 교재 A1』은 유럽의회가 마련한 유럽연합 공통 언어 표준등급(CEFR)을 참고하여 개발되었다. 본 교재는 A1, A2, B1, B2, C1, C2 총 6단계로 구성된 표준등급의 첫 단계로, 헝가리어의 기초를 다지고 초급 문법뿐만이 아니라 실생활에서 사용할 수 있는 초급 수준의 헝가리어 의사소통 능력 향상을 위한 실용적인 교재로 개발되었다.

집필 방향

- 본 교재는 총 6단계로 구성되어 있는 헝가리어 학습 단계 중 첫 단계의 교재로 향후 헝가리어 학습에 있어서 기초를 제공하는데 초점을 두고 집필하였다.
- 본 교재는 헝가리어를 처음 접하는 학습자들을 대상으로 향후 헝가리어 학습에 도움이 되도록 정확한 발음을 익히는데 중점을 두었다.
- 기존의 헝가리어 교재들이 문법 학습 위주로 집필 된 것에 반해 본 교재는 말하기, 듣기, 읽기, 쓰기를 골고루 익혀 균형 잡힌 헝가리어 학습이 되도록 구성하였다.
- 헝가리어를 처음 접하는 학습자들이 너무 생소해 하지 않도록 본 교재에서는 본문 내용을 한국에서의 스토리 중심으로 구성하였다. 그러나 A2 단계에서부터는 헝가리에서의 스토리 중심으로 구성할 예정이다.
- 헝가리어 학습자들이 흥미를 가지고 헝가리어를 배울 수 있도록 헝가리어로 이메일 보내는 방법, 헝가리 사이트를 통한 상품 구매, 온라인을 통한 헝가리 정보 얻기 등 실용적인 내용을 가미하여 집필하였다.
- 문법은 향후 다음 단계의 헝가리어 학습에 있어서 기초가 되는 만큼 기본 문법을 정확히 학습할 수 있도록 각 과마다 많은 연습문제를 제공하였다. 따라서 각 과에 제시된 연습문제들을 성실히 학습하면 다음 단계 헝가리어 학습에 많은 도움이 되리라 판단한다.

☑ 교재 구성

- 본 교재는 A1 수준의 헝가리어 학습자가 헝가리어를 정확하고 유창하게 말할 수 있도록 헝가리어 발음, 문법, 어휘와 함께 말하기, 듣기, 읽기, 쓰기, 실전 연습문제로 구성하였다.
- 제 1과에서는 헝가리어의 자음과 모음을 정확하게 발음할 수 있도록 발음 학습과 연습을 위주로 구성하였다.
- 제 2과에서 11과까지는 헝가리어를 처음으로 접하는 학습자들이 너무 생소하지 않도록 말하기, 듣기, 읽기, 쓰기의 내용을 한국인들에게 익숙한 내용으로 구성하였다. 향후 A2 단계부터는 헝가리 관련 내용 위주로 구성될 예정이다.
- 각 과의 마지막에는 A1 헝가리어 평가 시험에 적응하고 대비할 수 있도록 실전 연습문제를 배치하였다.
- 본 교재의 마지막 과인 12과에는 실용적인 내용을 배치하여 실제로 인터넷을 통해 본 교재에서 배운 헝가리어를 활용할 수 있도록 하였다.

Tartalom

차례

A1 교재 구성표

단원	제목	학습목표
1	ÁBÉCÉ 자음과 모음	· 헝가리어 알파벳 익히기 · 헝가리어 자음과 모음의 발음 익히기 · 헝가리어 기본 어휘 익히기
2	KÖSZÖNÉS, BEMUTATKOZÁS 인사와 소개	· 헝가리어 인사법 익히기 · 반말과 존댓말 형식 익히기 · 동사의 현재 1변화 인칭어미 익히기
3	MI EZ? MILYEN AZ EGYETEM? 이것은 무엇인가요? 그 대학교는 어떤가요?	· 지시대명사 기본적인 형용사 익히기 · 사물 소개하기 · 헝가리어 숫자 익히기
4	HOL VAN? 어디에 있나요?	· 후치사 익히기 · 지시형용사 익히기 · 사물의 위치 소개하기
5	MIK EZEK? MIK AZOK? 이것들은 무엇인가요? 저것들은 무엇인가요?	· 명사의 복수형 익히기 · 형용사의 복수형 익히기 · 색깔 관련 기본 어휘 익히기
6	MIT CSINÁLUNK MA? 우리는 오늘 무엇을 하나요?	· 치음으로 끝나는 동사의 인칭변화 익히기 · ik동사의 인칭변화 익히기 · 불규칙 동사의 인칭변화 익히기
7	MIT CSINÁLSZ? 너 뭐하고 있니?	· 명사의 목적격 만들기 · 형용사의 목적격 만들기 · 수사의 형용사형 익히기
8	HOVÁ MÉSZ? HONNAN JÖSSZ? 어디에 가니? 어디에서 오니?	· 처소격어미 익히기 · 동사의 전철 익히기 · 격어미 -val/-vel 익히기

주요문법과 구문	대화소재
· 헝가리어 자음과 모음	· 헝가리어 단어 소리 내어 읽기
· 인칭대명사 · 동사의 현재 1변화 · 처소격어미 · 접속사	· 소개하기 · 인사하기
· 지시대명사 · 수사(기수) · 관사	· 사물 명칭 묻고 답변하기
· 수사(서수) · 후치사 · 처소격어미	· 사물의 위치 묻고 답변하기
· 명사의 복수형 · 형용사의 복수형	· 복수의 사물 명칭과 상태 묻고 답변하기
· 동사 현재 1변화의 예외들	· 하루 일과 묻고 답변하기
· 목적격 · 수사의 형용사형	· 상점에서 물건사기 · 식당에서 음식 주문하기
· 처소격어미 · 동사 전철 · 격어미 -val/-vel	· 사물의 위치와 방향 묻고 답변하기 · 교통수단 묻고 답변하기 · 카페에서 음료 주문하기

단원	제목	학습목표
9	MIT CSINÁLSZ REGGELTŐL ESTIG? 너는 아침부터 저녁까지 뭐하니?	· 요일, 날짜, 시간 표현하기 · 동사의 현재 2변화 익히기 · 날씨 관련 표현 익히기
10	CSALÁD - KINEK VAN IGAZA? 가족 – 누구 말이 맞나요?	· 소유 인칭어미 익히기 · 가족관계 관련 어휘 익히기 · 신체부위 명칭 익히기
11	SZERETSZ SPORTOLNI? SZERETED A KÁVÉT? 운동 좋아하니? 커피 좋아하니?	· '~을 좋아하다' 표현 익히기 · 동사 인칭변화의 2변화 익히기 · LEHET/KELL/SZABAD/TILOS 구문 익히기
12	INTERAKTÍV CSOPORTMUNKA 쌍방향 공동 작업	· 인터넷으로 헝가리어 정보 구하기 · 인터넷으로 각종 표 구매하기 · 헝가리어로 이메일 보내기

주요문법과 구문	대화소재
· 동사의 현재 2변화	· 요일, 날짜, 시간 묻고 답변하기 · 일정 묻고 답변하기 · 날씨 묻고 답변하기
· 소유 인칭어미	· 가족관계 소개하기 · 인물 묘사하기
· 동사의 부정형(infinitive) · 가능, 의무, 허용, 금지 등 표현	· 취미 묻고 답변하기
· 감탄사	· 여행 · 이메일로 정보 얻기

1. lecke

ÁBÉCÉ
자음과 모음

학습목표

- 헝가리어 알파벳 익히기
- 헝가리어 자음과 모음의 발음 익히기
- 헝가리어 기본 어휘 익히기

도입 질문

1. 헝가리인들은 어떤 알파벳을 사용할까요?
2. 헝가리어의 알파벳은 몇 개나 될까요?
3. 헝가리어의 모음은 어떻게 발음 할까요?
4. 헝가리어의 자음은 어떻게 발음 할까요?

ÁBÉCÉ 자음과 모음

대문자	소문자	헝가리어 명칭	발음
A	a	a[어]	ㅓ
Á	á	á[아-]	ㅏ-
B	b	bé[베-]	ㅂ[b]
C	c	cé[쩨-]	ㅉ[ʦ]
Cs	cs	csé[체-]	ㅊ[ʧ]
D	d	dé[데-]	ㄷ
Dz	dz	dzé[제-]	ㅈ[dz]
Dzs	dzs	dzsé[줴-]	쥐[dʒ]
E	e	e[애]	ㅔ
É	é	é[에-]	ㅣ[eː]
F	f	eff[애프]	ㅍ
G	g	gé[게-]	ㄱ
Gy	gy	gyé[디에-]	ㅈ[ɟ]~[dj]
H	h	há[하-]	ㅎ
I	i	i, rövid i [이, 뢰비드 이]	ㅣ[i]
Í	í	í, hosszú í [이-, 호쑤 이-]	ㅣ[iː]
J	j	jé[예-]	ㅣ[j]
K	k	ká[까]	ㄲ
L	l	ell[엘-]	ㄹ
Ly	ly	ejj, ellipszilon [에이-, 앨입실론]	ㅣ[j]
M	m	emm[엠-]	ㅁ
N	n	enn[엔-]	ㄴ[n]
Ny	ny	enny[에니-]	니[ɲ]

대문자	소문자	헝가리어 명칭	발음
O	o	o, rövid o [오, 뢰비드 오]	ㅗ
Ó	ó	ó, hosszú ó [오-, 호쑤 오-]	ㅗ-
Ö	ö	ö, rövid ö [외, 뢰비드 외]	ㅚ
Ő	ő	ő, hosszú ő [외-, 호쑤 외-]	ㅚ-
P	p	pé[뻬-]	ㅃ
Q	q	ku[꾸]	-
R	r	err[애르]	ㄹ
S	s	ess[애쉬]	쉬[ʃ]
Sz	sz	essz[애쓰]	ㅆ
T	t	té[떼-]	ㄸ
Ty	ty	tyé[띠에-]	ㅌ[ɔ]~[tj]
U	u	u, rövid u [우, 뢰비드 우]	ㅜ
Ú	ú	ú, hosszú ú [우-, 호쑤 우-]	ㅜ-
Ü	ü	ü, rövid ü [위, 뢰비드 위]	ㅟ
Ű	ű	ű, hosszú ű [위-, 호쑤 위-]	ㅟ-
V	v	vé[베-]	ㅂ[v]
W	w	dupla vé	-
X	x	iksz	-
Y	y	ipszilon	-
Z	z	zé[제-]	ㅈ[z]
Zs	zs	zsé[줴-]	쥐[ʒ]

* Q, W, X, Y는 원래 헝가리어 자모는 아니지만 외래어 표기 시에 사용된다.

magánhangzók 모음

대문자	소문자	발음		예시
A	a	a[어]	어	amikor, annyi, azonnal, amíg, amióta
Á	á	á[아-]	아-	áll, állat, állomás
E	e	e[에]	애	egy, egyetem, ember
É	é	é[이-]	에-	és, étterem, év
I	i	i, rövid i [이, 뢰비드 이]	이	ige, indul, ital
Í	í	í, hosszú í [이-, 호쑤 이-]	이-	ír, ítélet, ízlés
O	o	o, rövid o [오, 뢰비드 오]	오	olvas, ország, otthon
Ó	ó	ó, hosszú ó [오-, 호쑤 오-]	오-	óceán, ócska, óvoda
U	u	u, rövid u [우, 뢰비드 우]	우	udvar, utca, utazási
Ú	ú	ú, hosszú ú [우-, 호쑤 우-]	우-	újság, úgy, úszás
Ö	ö	ö, rövid ö [외, 뢰비드 외]	외	öcs, ölel, ön
Ő	ő	ő, hosszú ő [외-, 호쑤 외-]	외-	őr, ősz, őz
Ü	ü	ü, rövid ü [위, 뢰비드 위]	위	üzlet, üveg, üres
Ű	ű	ű, hosszú ű [위-, 호쑤 위-]	위-	űz, űrhajó, űrlap

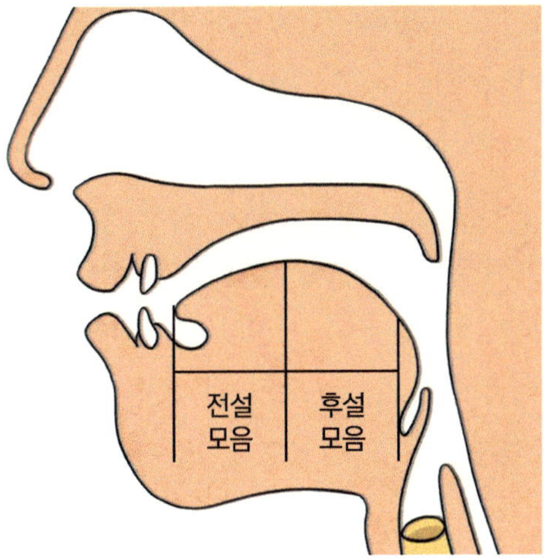

	전설모음		후설모음
	평순	원순	
고	i í	üű	uú
중고	é	öő	oó
중저	e		a
저			á

mássalhangzók 자음

대문자	소문자	발음		예시
B	b	bé[베-]	ㅂ[b]	banán, beszél, busz
C	c	cé[쩨-]	ㅉ[ʦ]	cím, citrom, cukor
Cs	cs	csé[체-]	ㅊ[ʧ]	családnév, csarnok, cseresznye
D	d	dé[데-]	ㄷ[d]	diák, diploma, doktor
Dz	dz	dzé[제-]	ㅈ[dz]	madzag, edzés
Dzs	dzs	dzsé[줴-]	쥐[dʒ]	dzsem, dzsungel
F	f	eff[애프]	ㅍ[f]	fa, fagylalt, falu, fej
G	g	gé[게-]	ㄱ[g]	gazda, gomb, görög
Gy	gy	gyé[디에-]	ㅈ[ɟ]~[dj]	gyertya, gyümölcs, gyűrű
H	h	há[하-]	ㅎ[h]	háború, hadsereg, hallgató
J	j	jé[이에]	ㅣ[j]	járda, jég, jel, jogász, jóváhagy
K	k	ká[까]	ㄲ[k]	káposzta, kártya, kemény
L	l	ell[엘-]	ㄹ[l]	lárma, leány, lecke, lektor
Ly	ly	ejj, ellipszilon [에이-, 앨입실론]	ㅣ[j]	lyuk, lyuggat, lyukfúró
M	m	emm[엠]	ㅁ[m]	máris, máshol, miatt, miközben
N	n	enn[엔-]	ㄴ[n]	nála, néptánc, nős
Ny	ny	enny[에니-]	니[ɲ]	nyugdíj, nyolc, nyugta
P	p	pé[뻬-]	ㅃ[p]	parancs, pontosság, pecsét
R	r	err[애르]	ㄹ[r]	rendel, rendőr, rizs
S	s	ess[애쉬]	쉬[ʃ]	sakk, sokáig, sör, srác
Sz	sz	essz[애쓰]	ㅆ[s]	személyi, szeretet, szívesség
T	t	té[떼-]	ㄸ[t]	teljesen, tengerparti, tőle
Ty	ty	tyé[띠에-]	ㅌ[ɔ]~[tj]	tyúk, tyúkhús, tyúkeszű
V	v	vé[베-]	ㅂ[v]	valóban, váró, végig, vendégség
Z	z	zé[제-]	ㅈ[z]	zenekar, zongora, zöldség
Zs	zs	zsé[줴-]	쥐[ʒ]	zseb, zsír, zsúfolt

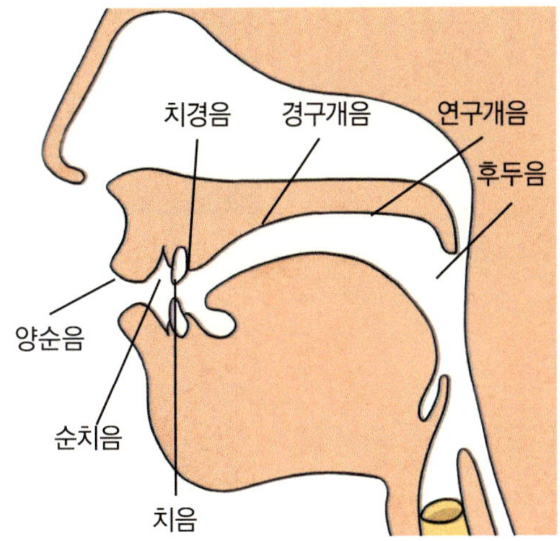

		양순음	순치음	치음	치경음	경구개음	연구개음	후두음
파열음	무성음	p		t		ty	k	
	유성음	b		d		gy	g	
마찰음	무성음		f	sz	s			h
	유성음		v	z	zs	j		
파찰음	무성음			c	cs			
	유성음			dz	dzs			
비음		m		n		ny		
설측음				l				
전동음				r		ly		

읽고 쓰기(모음)

alma

사과

ágy

침대

eper

딸기

épület

건물

ital

음료

íj

활

orvos

의사

óra

시계

uborka

오이

útlevél

여권

öreg

노인

őz

노루

üveg

유리

űrhajó

우주선

읽고 쓰기(자음)

바나나

banán

고양이

cica

체리

cseresznye

의사

doktor

끈, 줄

madzag

(먹는) 잼

dzsem

나무

fa

버섯

gomba

초(불)

gyertya

물고기, 생선

hal

jég

얼음

káposzta

양배추

lány

소녀

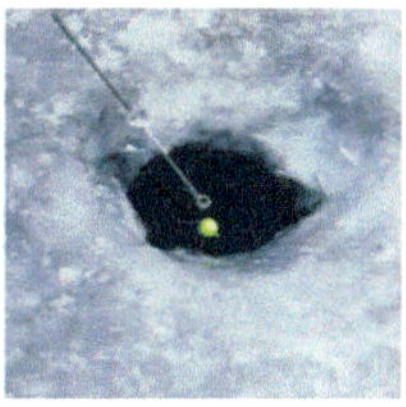

lyuk

구멍

madár

(조류)새

nadrág

바지

nyaklánc

목걸이

paradicsom

토마토

rizs

밥, 쌀

sör

맥주

szekrény

옷장, 장농

tanár

선생

tyúk

암탉

virág

꽃

zongora

피아노

zsebkendő

손수건

2. lecke

KÖSZÖNÉS, BEMUTATKOZÁS
인사와 소개

학습목표

- 헝가리어 인사법 익히기
- 반말과 존댓말 형식 익히기
- 동사의 현재 1변화 인칭어미 익히기

도입 질문

1. 헝가리인들은 어떻게 인사를 하나요?
2. 헝가리어에도 반말과 존댓말이 있나요?
3. 헝가리어로 자신을 소개할 수 있나요?
4. 헝가리어는 인칭에 따라 동사를 다르게 사용하나요?

KÖSZÖNÉS, BEMUTATKOZÁS 인사와 소개

KÖSZÖNÉS 인사하기

TALÁLKOZÁS 만났을 때	BÚCSÚZÁS 헤어질 때
ÖNÖZÉS/MAGÁZÁS (FORMÁLIS ALAK) 존댓말 / 공식적 표현	
Jó reggelt kívánok! (Jó reggelt!)	Viszontlátásra! (Viszlát!)
Jó napot kívánok! (Jó napot!)	Jó éjszakát kívánok! (Jó éjszakát!)
Jó estét kívánok! (Jó estét!)	Jó éjt!
TEGEZÉS (INFORMÁLIS ALAK) 반말 / 비공식적 표현	
Szervusz! Szia!	Szervusz! Szia!
Szervusztok! Sziasztok!	Szervusztok! Sziasztok!
Szevasz! Szeva!	Szevasz! Szeva!

Helló! Csaó!
Hali! Szió!
(szleng)

✓ BEMUTATKOZÁS 소개하기

Jó napot kívánok!
Nagy Katalin vagyok.
Diák vagyok.
Nem koreai vagyok, hanem magyar.
Most nem Magyarországon élek, hanem Koreában.
Jonginban élek, és a Hankuk Egyetemen tanulok.
Beszélek magyarul és angolul, de nem beszélek koreaiul.
Most a tanteremben ülök, és tanulok.

„(Én) Nagy Katalin vagyok."
저는[나는] Nagy Katalin 입니다[이야].

VAN(이다)

én	vagyok	mi	vagyunk
te	vagy	ti	vagytok
ő/Ön	—	ők/Önök	—

- 존재(van)동사는 불규칙 동사로 동사의 인칭 변화 규칙에서 벗어나 있어 인칭에 따라 그 형태를 알아두어야 한다.
- 존재(van)동사가 '있다'의 의미로 사용될 때는 모든 인칭에 사용되지만 '이다'의 의미로 사용될 때는 현재 시제 3인칭에서는 생략한다.

헝가리어 인칭 대명사

én(나)
te(너)
ő(그) / Ön(당신)

mi(우리)
ti(너희들)
ők(그들) / Önök(당신들)

보기와 비슷한 짧은 대화들을 만들어 보시오!

A.

Kiss Anna vagyok.

- Szia! Nagy Katalin vagyok. És te?
- Szia! Én Kiss Anna vagyok.

Jó napot kívánok! Nagy Katalin vagyok. És Ön?
Jó napot kívánok! Én Kiss Anna vagyok.

- Szia! _______ vagyok. És te?
- Szia! Én _______ vagyok.

Jó napot kívánok! _______ vagyok. És Ön?
Jó napot kívánok! Én _______ vagyok.

Kovács István
Szabó László
Tóth Mária
Horváth Erzsébet
Kim Min Dzsun
Im Dzsun Sza
Szong Sza Hjan
Mun Dzsi Min

B.

Diák vagyok.

- Én diák vagyok. És te?
- Én egyetemista vagyok.

- Én _______ vagyok. És te?
- Én _______ vagyok.

- Én diák vagyok. És Ön?
- Én egyetemista vagyok.

- Én _______ vagyok. És Ön?
- Én _______ vagyok.

직업명사:

tanár
orvos
fodrász
titkárnő
szerelő
professzor
regényíró
sportoló
sportriporter
riporter
miniszter
rendező
újságíró
üzletasszony
üzletember
szakács
szerkesztő
tűzoltó

C.

Magyar vagyok.

- Magyar vagyok. És te?
- Én koreai vagyok.

- ________ vagyok. És te?
- Én ________ vagyok.

- Magyar vagyok. És Ön?
- Én koreai vagyok.

- ________ vagyok. És Ön?
- Én ________ vagyok.

민족명:

magyar
koreai
kínai
japán
angol
német
finn
spanyol
cseh
lengyel
török
francia
orosz
svéd
portugál
görög
szerb
ázsiai
európai
amerikai

1. 동사의 현재 1변화

동사 현재 1변화 인칭 어미

	후설모음동사	전설모음동사	원순모음동사
Én	-ok	-ek	-ök
Te	-sz		
Ő / Ön	-ø		
Mi	-unk	-ünk	
Ti	-tok	-tek	-tök
Ők / Önök	-nak	-nek	

„Jonginban élek."
„A Hankuk Egyetemen tanulok."
„Beszélek angolul."

TANUL

Én	tanulok	Mi	tanulunk
Te	tanulsz	Ti	tanultok
Ő/ Ön	tanul	Ők/ Önök	tanulnak

ÉL

Én	élek	Mi	élünk
Te	élsz	Ti	éltek
Ő/ Ön	él	Ők/ Önök	élnek

BESZÉL

Én	beszélek	Mi	beszélünk
Te	beszélsz	Ti	beszéltek
Ő/ Ön	beszél	Ők/ Önök	beszélnek

ÜL

Én	ülök	Mi	ülünk
Te	ülsz	Ti	ültök
Ő/ Ön	ül	Ők/ Önök	ülnek

2. 처소격어미

-BAN/-BEN(내부처소격어미)
-N/-ON/-EN/-ÖN(위처소격어미)

Jonginban *élek*.
A Hankuk Egyetemen *tanulok*.

알맞은 처소격 어미를 집어 넣으시오! (-ban/-ben, -n/-on/-en/-ön)

Budapest________ Szöul________ Szeged________
Buszán________ Debrecen________ Pjangcsáng________
Pécs________ Korea________ Magyarország________

보기와 비슷한 짧은 대화들을 만들어 보시오!

A.

Szöulban *élek.*

- Szia! Jonginban élek. És te?
- Szia! Én Győrben élek.

- Jó napot kívánok! Jonginban élek. És Ön?
- Jó napot kívánok! Én Győrben élek.

- Szia. ________ élek. És te?
- Szia. Én ________ élek.

- Jó napot kívánok! ________ élek. És Ön?
- Jó napot kívánok! Én ________ élek.

지명(나라명/도시명):

Budapest
Szöul
Szeged
Buszán
Debrecen
Pjangcsáng
Pécs
Korea
Magyarország

B.

A Hankuk Egyetemen *tanulok.*

- Szia! A Szegedi Egyetemen tanulok. És te?
- Szia! Én a Debreceni Egyetemen tanulok.

형용사 파생 접사(~의, ~출신의, ~에 있는)

	-i
Szeged	szeged**i**
Debrecen	debrecen**i**

정관사 A/AZ

a + 자음으로 시작되는 명사
az + 모음으로 시작되는 명사

- Szia. ________ tanulok. És te?
- Szia. Én ________ tanulok.

- Jó napot kívánok! ________ tanulok. És Ön?
- Jó napot kívánok! Én ________ tanítok.

지명 + 기관명 :

Budapest - egyetem: a budapesti egyetem
Szöul - nyelviskola: a szöuli nyelviskola
Szeged - főiskola: a szegedi főiskola
Buszán - iskola: a buszáni iskola
Debrecen - gimnázium: a debreceni gimnázium
Pjangcsáng - középiskola: a pjangcsángi középiskola

A Szegedi Egyetem의 경우처럼 지역과 기관이 대문자로 되어 있는 경우 A Szegedi Egyetem은 고유명사이며 a budapesti egyetem의 경우처럼 지역과 기관이 소문자로 되어 있는 경우에는 부다페스트에 있는 대학이란 의미로 고유명사가 아니다.

단어 앞에 알맞은 정관사를 써 넣으시오!

pl.

középiskola	a középiskola

__ egyetem

__ iskola

__ gimnázium

__ orvos

__ titkárnő

__ diák

__ nyelviskola

__ főiskola

__ tanár

__ fodrász

__ szerelő

C.

Beszélek magyarul és angolul.

- Beszélek magyarul és németül. És te?
- Én kínaiul és koreaiul beszélek.

- Beszélek ______________ . És te? (És Ön?)
- Én ______________ beszélek.

헝가리어 어순은 비교적 자유로우나 강조하는 단어는 동사 바로 앞에 온다.

ORSZÁG(국가)	NEMZETISÉG(국적)
Magyarország	magyar
Korea	koreai
Kína	kínai
Japán	japán
Anglia	angol
Ausztria	*osztrák*
Ausztrália	ausztrál
Németország	német
Finnország	finn

-UL/ÜL(~ 언어로)
magyar**ul**
koreai**ul**
kínai**ul**
japán**ul**
angol**ul**
német**ül**
finn**ül**

✓ 의문문과 대답

의문사가 없는 일반 의문문은 서술문과 어순이 동일하다. 의문문은 억양과 물음표로 표현한다.

A.

Szia! Nagy Lili vagy?
Jó napot kívánok! Ön Nagy Lili?

⊕ Igen, Nagy Lili vagyok. (Igen, az vagyok.)
⊖ Nem, nem Nagy Lili vagyok. (Nem, nem az vagyok.)
⊖ Nem, nem Nagy Lili vagyok, hanem Kim Hjan Szu.

1. 긍정: igen
2. 부정: nem
3. nem A, hanem B: A가 아니고 B다

Szia! ____________________ vagy?
Jó napot kívánok! Ön ____________________?

⊕ Igen, ____________________ vagyok. (Igen, az vagyok.)
⊖ Nem, nem ____________________ vagyok. (Nem, nem az vagyok.)
⊖ Nem, nem ____________________ vagyok, hanem ____________________.

이름을 넣어 연습하기:

Kovács István
Szabó László
Tóth Mária
Horváth Erzsébet
Kim Min Dzsun
Im Dzsun Sza
Szong Sza Hjan
Mun Dzsi Min

B.

Szia! Diák vagy?
Jó napot kívánok! Ön diák?

⊕ Igen, diák vagyok. (Igen, az vagyok.)
⊖ Nem, nem diák vagyok. (Nem, nem az vagyok.)
⊖ Nem, nem diák vagyok, hanem fodrász.

Szia! ____________ vagy?
Jó napot kívánok! Ön ____________?

⊕ Igen, ____________ vagyok. (Igen, az vagyok.)
⊖ Nem, nem ____________ vagyok. (Nem, nem az vagyok.)
⊖ Nem, nem ____________ vagyok, hanem ____________.

직업명을 넣어 연습하기:

tanár
orvos
fodrász
titkárnő
szerelő

C.

Szia! Magyar vagy?
Jó napot kívánok! Ön magyar?

⊕ Igen, magyar vagyok. (Igen, az vagyok.)
⊖ Nem, nem magyar vagyok. (Nem, nem az vagyok.)
⊖ Nem, nem magyar vagyok, hanem koreai.

Szia! ______________ vagy?
Jó napot kívánok! Ön ______________?

⊕ Igen, ______________ vagyok. (Igen, az vagyok.)
⊖ Nem, nem ______________ vagyok. (Nem, nem az vagyok.)
⊖ Nem, nem ______________ vagyok, hanem ______________.

연습하기:

magyar
koreai
kínai
japán
angol
német
finn

D.

Jonginban élsz?
Jonginban él?

⊕ Igen, Jonginban élek.
⊖ Nem, nem Jonginban élek.
⊖ Nem, nem Jonginban élek, hanem Szöulban.

(Te) ________________ élsz?
(Ön) ________________ él?

⊕ Igen, ________________ élek.
⊖ Nem, nem ________________ élek.
⊖ Nem, nem ________________ élek, hanem ________________.

연습하기:

Budapest
Szöul
Szeged
Buszán
Debrecen
Pjangcsáng
Pécs
Korea
Magyarország

E.

A Hankuk Egyetemen tanulsz?
A Hankuk Egyetemen tanul?

⊕ Igen, a Hankuk Egyetemen tanulok.
⊖ Nem, nem a Hankuk Egyetemen tanulok.
⊖ Nem, nem a Hankuk Egyetemen tanulok, hanem a Debreceni Egyetemen.

(Te) a ____________________ tanulsz?
(Ön) a ____________________ tanul?

⊕ Igen, a ____________________ tanulok.
⊖ Nem, nem a ____________________ tanulok.
⊖ Nem, nem a ____________________ tanulok, hanem a ____________________.

Budapest - Szöul
egyetem - nyelviskola
Szeged - Buszán
főiskola - iskola
Debrecen - Pjangcsáng
gimnázium - középiskola

F.

ÉS	DE
접속사 és :	그리고, 그래서
접속사 de :	그러나, 하지만

Beszélsz magyarul?
Beszél magyarul?

- ⊕ Igen, beszélek magyarul.
- ⊕ Igen, beszélek magyarul és németül.
- ⊖ Nem, nem beszélek magyarul.
- ⊖ Nem, nem beszélek magyarul, de beszélek angolul.

주어진 정보를 사용하여 자기를 소개하시오!

Tóth Mária	Mun Dzsi Min	Frida Kohl
egyetemista	gimnazista	diák
magyar	koreai	német
Magyarország/Korea	Korea/Kína	Németország/Japán
Hankuk Egyetem	Pekingi Egyetem	Tokiói Egyetem
magyar/angol/koreai	koreai/kínai/angol	német/angol/japán

KULTURÁLIS INFORMÁCIÓ 문화 정보

TEGEZÉS/MAGÁZÁS 반말과 존댓말

헝가리어에도 존댓말과 반말이 존재하지만 한국어에서처럼 엄격하게 사용되지는 않는다. 서로 처음 만나는 경우 존댓말을 사용하지만 나이나 위치에 있어서 차이가 많이 나지 않으면 일반적으로 (상호 동의 하에) 반말을 사용한다. 대학교에서도 교수와 학생 사이에 나이 차이가 많지 않을 시에는 반말을 하는 경우가 많다.

MAGYAR ÉS KOREAI NEVEK 헝가리와 한국의 성명

한국어에서와 동일하게 헝가리어에서도 성명을 쓸 때 성+이름의 순서로 사용하지만 차이점이라면 한국어에서는 사용할 수 있는 성의 수가 어느 정도 제한되어 있고 이름은 자의적으로 마음대로 사용할 수 있지만 헝가리어에서는 다른 가톨릭 국가들에서처럼 이름의 경우에 대부분 세례명을 사용한다.

HASZNOS KIFEJEZÉSEK (유용한 표현)

- Hogy vagy? (Hogy van?)
- Köszönöm, jól (vagyok). (+)
- Sajnos, nem túl jól. (-)
- Nagy Lili vagyok.
- Kim Min Dzsun. Nagyon örülök.

연습 문제

빈칸에 알맞는 단어를 고르시오!

1. Szöulban (   ).

① élek   ② beszélek   ③ kívánok   ④ ülök

2. Nem magyar vagyok, (   ) koreai.

① de   ② és   ③ most   ④ hanem

3. (   ) és angolul beszélek.

① Diák   ② Koreai   ③ Koreaiul   ④ Orvos

4. (   ) fodrász?

① Te   ② Vagy   ③ Ön   ④ Finn

5. (   ) egyetemista vagy?

① Ön   ② Ti   ③ Te   ④ Orvos

SZÓSZEDET 어휘

Főnevek(명사)

ismerkedés
bemutatkozás
köszönés
találkozás
búcsúzás
önözés/magázás
tegezés
szleng
reggel
nap
este
éjszaka
diák
tanterem
egyetemista
tanár
orvos
fodrász
tanuló
titkárnő
szerelő
nyelviskola
főiskola
iskola
gimnázium
középiskola
Amerika
Ázsia
Csehország
Spanyolország

Igék(동사)

kíván
csókol
él
tanul
beszél
ül
örül

Melléknevek(형용사)

jó
magyar
koreai
kínai
japán
angol
német
finn

Más szófajok(기타 품사)

igen
nem
hanem
most
és
de

3. lecke

MI EZ? MILYEN AZ EGYETEM?
이것은 무엇인가요? 그 대학교는 어떤가요?

학습목표

- 지시대명사와 기본적인 형용사 익히기
- 사물 소개하기
- 헝가리어 숫자 익히기

도입 질문

1. 헝가리어로 사물을 어떻게 소개 할까요?
2. 헝가리어로 숫자를 어떻게 셀까요?
3. 헝가리어 형용사에는 어떤 것들이 있을까요?
4. 학교와 관련한 기본적인 어휘들은 어떤 것이 있을까요?

MI EZ? MILYEN AZ EGYETEM? 이것은 무엇인가요? 그 대학교는 어떤가요?

- Mi ez?
- Ez a Hankuk Egyetem. Itt tanulunk. Mi magyarul tanulunk, ők pedig koreaiul tanulnak. Ez a kampusz Jonginban van.
- Milyen a kampusz?
- A kampusz nagyon nagy: elég hosszú, de nem túl széles.
- Ez itt a kapu.
- Mi az ott?
- Az a porta.
- Ott, jobbra két teniszpálya van.
- És mi az?
- Az a kollégium. A diákok négy új, szép épületben laknak. Az ott a menza.
- Milyen a menza?
- A menza is új, és elég nagy.
- Mi az a magas épület?

  Az a főépület. Tizenegyemeletes. Az pedig egy focipálya.
- A főépület nagyon modern.
- Igen, modern és szép.

- Mi az?
- Az a buszállomás. Öt busz jár itt.
- Az az épület elég régi, ugye?
- Igen, az régi és elég csúnya. Az a mérnöki kar.
- Mi az a nagy épület, ott jobbra?
- Az a könyvtár. A könyvtár is régi, de nem csúnya.

- Ott, az a másik épület a diáképület. Ott van a bank és a posta is.
- Szemben, a kétemeletes épületben lent van két menza, fent pedig egy könyvesbolt és egy papírbolt.
- Milyen ez a menza?
- Nem rossz, de fent van egy gyorsétterem és egy kávézó is.
- Az ott egy tó?
- Igen, az egy tó. Szép, ugye?
- Igen, nagyon szép. Mi az a nagy fehér épület?
- Az a régi főépület. Most sok tanterem van ott.

지시대명사 EZ/AZ

EZ 는 '이것'을 의미하며
AZ는 '저것' 또는 '그것'을 의미한다.

- Szép ez a park!
- Igen, tényleg szép. Nagyon kellemes itt ülni.
- És mi az?
- Az a nyelvi épület. Mi ott tanulunk. Ott van a magyar tanszék az ötödik emeleten.
- Gyertek!

의문사 MI (무엇?)

A.

Mi ez? Ez a könyvtár.	Mi az? Az a teniszpálya.

- Mi ez?
- Ez a ____________.

- Mi az?
- Az a ____________.

연습하기:

kapu
porta
teniszpálya
kollégium
menza
főépület
focipálya
buszállomás
könyvtár
diáképület
posta
könyvesbolt
papírbolt
gyorsétterem
kávézó
tó
tanterem

B.

Ez a könyvtár?	Az a teniszpálya?

⊕ Igen, ez a könyvtár.
⊖ Nem, ez nem a könyvtár, hanem a diáképület.

⊕ Igen, az a teniszpálya.
⊖ Nem, az nem a teniszpálya, hanem a focipálya.

diáképület	könyvesbolt	kávézó
bank	papírbolt	tó
posta	gyorsétterem	park

SZÁMOK 숫자

1 egy	10 tíz	11 tizenegy (tizenkettő, tizenhárom)
2 kettő/két	20 húsz	21 huszonegy (huszonkettő)
3 három	30 harminc	32 harminckettő
4 négy	40 negyven	43 negyvenhárom
5 öt	50 ötven	54 ötvennégy
6 hat	60 hatvan	65 hatvanöt
7 hét	70 hetven	76 hetvenhat
8 nyolc	80 nyolcvan	87 nyolcvanhét
9 kilenc	90 kilencven	98 kilencvennyolc

100	száz
1000	ezer
10000	tízezer
100000	százezer
1000000	(egy)millió

HÁNY?

C. 의문 수사 HÁNY

Húsz éves vagyok.	Hány éves vagy?

- Húsz éves vagyok. És te?
- Én huszonegy éves vagyok.

- Hány éves vagy? (너 몇 살이니?)
- Ön hány éves? (나이가 어떻게 되세요?)

- _______________ vagyok. És te?
- Én _______________ éves vagyok.

huszonkettő huszonhárom huszonöt huszonhét harminc

- Ez a nyelvi épület. Itt van a magyar tanszék is.
- Milyen ez az épület?
- Hát, elég régi, és nem túl szép.
- Szerintem nem csúnya, és színes.
- A nyelvi épület nem magas; ötemeletes, de elég nagy.

D. 의문 형용사 MILYEN?

Milyen a nyelvi épület?
A nyelvi épület nagy.

Milyen a nyelvi épület?
A nyelvi épület nagy **és** régi.

Milyen a nyelvi épület?
A nyelvi épület régi, **de** szép.

- Milyen a könyvtár?
- A könyvtár nagy és széles.
- A könyvtár régi, de tiszta.

- Milyen a/az ______________?
- A/az ______________.

kis/kicsi

둘 다 '작다'의 의미가 있지만 kis는 뒤에 오는 명사를 수식 할 때 사용되고 kicsi는 술어로 사용될 때 사용된다.

teniszpálya	nagy ↔ kicsi/kis	színes
kollégium	magas ↔ alacsony	modern
menza	hosszú ↔ rövid	érdekes
főépület	széles ↔ keskeny	
focipálya	új ↔ régi	
buszállomás	szép ↔ csúnya	
épület	tiszta ↔ piszkos	
mérnöki kar	világos ↔ sötét	
	olcsó ↔ drága	

- A nyelvi épület ötemeletes. Lent van a diákmenza és egy bolt. A földszinten van az előtér és a porta.
- Milyen a diákmenza?
- A menza nagyon nagy és elég olcsó.
- És milyen a bolt?
- A bolt kicsi, de tiszta és világos.
- És mi az ott, jobbra?
- Az egy kávézó. Nem nagy, de olcsó és jó.

- Ez az ötödik emelet. Itt van a magyar tanterem.
- Ez a magyar tanterem?
- Igen, ez az.
- A tanteremben van egy nagy asztal, egy számítógép és egy nagy polc.
- Mi ez?
- Ez egy kis asztal.
- És mi az?
- Az egy szék.

NÉVELŐK(관사)

정관사 A/AZ

a + 자음으로 시작되는 명사

az + 모음으로 시작되는 명사

부정관사 EGY

Mi ez?
Ez egy asztal.

- Mi ez?
- Ez egy ajtó.

- Mi ez?
- Ez egy ________.

Mi az?
Az egy szék.

- Mi az?
- Az egy ablak.

- Mi az?
- Az egy ________.

ajtó	táska	számítógép
ablak	könyv	naptár
tábla	toll	kabát
polc	ceruza	tolltartó
szekrény	papír	radír

Ez (egy) polc?

⊕ Igen, ez (egy) polc.

⊖ Nem, ez nem (egy) polc, hanem (egy) szekrény.

Az (egy) toll?

⊕ Igen, az (egy) toll.

⊖ Nem, az nem (egy) toll, hanem (egy) ceruza.

연습하기:

ajtó
ablak
tábla
polc
szekrény
táska
könyv
toll
ceruza
papír
számítógép
naptár
kabát
tolltartó
radír

Milyen a/az ...?

위의 형용사와 명사를 사용하여 문장들을 만드시오! 접속사 ÉS와 DE를 사용하시오!

pl.

Milyen az ablak?	Milyen a focipálya?
Az ablak régi, de tiszta.	A focipálya nagy és új.

1. ______
2. ______
3. ______
4. ______
5. ______
6. ______
7. ______
8. ______
9. ______
10. ______

본인이 상상하는 이상적인 캠퍼스를 한번 설계해 보시오! 그림을 그리고 무엇이 어디에 있고 또 그것은 어떤지 말해 보시오!

연습 문제

✔ 다음 문장 빈 곳에 들어갈 적당한 단어를 고르시오!

1. Nem Bundángban élek, (　　　　　) Szöulban.

① hanem　② de　③ és　④ vagyok

2. Mi magyarul tanulunk, ők (　　　　　) koreaiul.

① de　② és　③ pedig　④ hanem

3. (　　　　　) az az új épület?

① Mi　② Ki　③ Hol　④ Ez

4. Ez az épület a könyvtár, a (　　　　　) épület a mérnöki kar.

① menza　② másik　③ az　④ ott

5. Jobbra van a gyorsétterem, (　　　　　) van a kávézó.

① sok　② balra　③ is　④ és

SZÓSZEDET 어휘

☑ Főnevek(명사)

kampusz
porta
teniszpálya
kollégium
menza
főépület
focipálya
buszállomás
épület
mérnöki kar
könyvtár
diáképület
bank
posta
könyvesbolt
papírbolt
gyorsétterem
kávézó
tó
park
tanterem
tanszék
emelet
bolt
földszint
ajtó
ablak
tábla
polc
szekrény
táska
könyv
toll
ceruza
papír
számítógép
naptár
kabát
tolltartó
radír

☑ Igék(동사)

jár

☑ Melléknevek(형용사)

nagy
kicsi/kis
magas
alacsony
hosszú
rövid
széles
keskeny
új
régi
szép
csúnya

tiszta
piszkos
világos
sötét
olcsó
drága
színes
modern
érdekes
kellemes
emeletes

Más szófajok(기타 품사)

itt
ott
fent
lent
másik
sok
szintén
jobbra
balra
ötödik
tényleg

4. lecke

HOL VAN?
어디에 있나요?

학습목표

- 후치사 익히기
- 지시형용사 익히기
- 사물의 위치 소개하기

도입 질문

1. 헝가리어 후치사에는 어떤 것들이 있을까요?
2. 물건의 위치를 헝가리어로는 어떻게 설명할까요?
3. 헝가리어의 기수와 서수는 어떻게 다를까요?
4. 자신의 방을 헝가리어로 소개할 수 있나요?

HOL VAN? 어디에 있나요?

- Ez a nyelvi épület, ugye?
- Igen.
- Itt, lent van a menza, igaz?
- Igen, az alagsorban van a menza. Ez itt a bejárat. Két bejárat van, ez és egy másik, ott, jobbra. A bejárat mellett, jobbra van egy kis büfé.
- Mi van a büfében?
- Néhány egyszerű étel, például rámjan.
- Mi az?
- Koreai tésztaleves. Nagyon egyszerű étel, de nem rossz.
- Mi az ott, jobbra?
- Az egy kis bolt. A boltban van szendvics, kimpap, tej, üdítő. A bolt mellett van egy kis kávézó. Ott kávé, tea és fagylalt kapható.
- Mi az ott kint?
- A menza előtt van egy kis park. A parkban, középen van néhány asztal és pad. A diákok az asztalnál, a padon ülnek, és ebédelnek, kávéznak, beszélgetnek.

- Mi van az első emeleten?
- A bejáratnál van egy nagy előtér. Az előtérben van néhány asztal, szék és néhány színes ülőke. Balra van a porta és a fénymásoló szoba.
- Jobbra van egy hosszú folyosó. Ott van a mosdó, a mosdó mellett pedig egy bankautomata. A folyosón jobbra és balra néhány diákszoba van. És ott van az English Zone is. Ott angolul beszélgetnek a diákok.

- Mi van az első emeleten?
- Ott sok tanterem van, és van ott egy iroda és egy nagy tanári szoba is. A tanári szobában pihennek, beszélgetnek, olvasnak, számítógépeznek a tanárok.
- A második emeleten is sok tanterem van?
- Igen. Sok tanterem és iroda van ott.
- Hol van a Magyar Tanszék?
- A Magyar Tanszék az ötödik emeleten van.

- Ez a tanszéki iroda. Az irodában van egy nagy szekrény, három asztal és öt szék.
- Hol van a szekrény?
- A fal mellett, jobbra van. Az egyik asztal a szekrény mellett van, a másik az ablak előtt.
- Mi van a szekrényben?
- Sok könyv és magyar tárgy van a szekrényben.
- Mi van az asztalon?
- Egy számítógép, egy nyomtató és sok papír van az asztalon.
- Mi van a szekrény fölött?
- Egy lámpa van ott.
- Hol van a nagy asztal?
- Az ablak és a másik asztal között van.
- Mi van az asztal alatt?
- Egy nagy doboz van ott.

후치사

ALATT/FÖLÖTT (FELETT) 아래/위
ELŐTT/MÖGÖTT 앞/뒤
MELLETT 옆
KÖZÖTT 사이
영어와 달리 헝가리어에서는
전치사 대신 후치사를 사용한다.

처소격어미

내부 처소격어미: -BAN/-BEN
위 처소격어미: -N/-ON/-EN/-ÖN
옆 처소격어미: -NÁL/-NÉL

A macska az autó alatt alszik. (고양이가 자동차 아래에서 자고 있다.)
A taxi a posta előtt áll. (택시가 우체국 앞에 서 있다.)

SZÁMOK - HÁNYADIK?

1. első	10. tizedik	11. tizenegyedik
2. második	20. huszadik	12. tizenkettedik
3. harmadik	30. harmincadik	13. tizenharmadik
4. negyedik	40. negyvenedik	24. huszonnegyedik
5. ötödik	50. ötvenedik	35. harmincötödik
6. hatodik	60. hatvanadik	46. negyvenhatodik
7. hetedik	70. hetvenedik	57. ötvenhetedik
8. nyolcadik	80. nyolcvanadik	68. hatvannyolcadik
9. kilencedik	90. kilencvenedik	79. hetvenkilencedik

100.	századik
1000.	ezredik
10000.	tízezredik
100000.	százezredik
1000000.	(egy)milliomodik

보기와 같이 알맞은 처소격어미를 붙이시오!

pl.

bolt	bolt**ban**
bejárat	bejárat**nál**
pad	pad**on**

alagsor______

bejárat______

büfé______

kávézó______

emelet______

folyosó______

előtér______

park______

szoba______

porta______

menza______

bolt______

asztal______

pad______

földszint______

bejárat______

mosdó______

tanterem______

iroda______

szekrény______

autószerviz ______

bár ______

cirkusz ______

földalatti ______

járda ______

koncert ______

medence ______

metróállomás ______

parlament ______

presszó ______

ruhatár ______

söröző ______

sportpálya ______

stadion ______

strand ______

stúdió ______

szint ______

szünet ______

보기와 같이 그림을 보고 질문을 만들고 후치사를 사용하여 그 질문에 답변하시오!

pl.

Hol áll a fodrász?
A fodrász a szék mögött áll.

______________________________?

______________________________.

______________________________?

______________________________.

______________________________?

______________________________.

?

.

ÉTTEREM
KÁVÉZÓ

?

.

POSTA
BANK
BÜFÉ

?

.

보기와 같이 후치사를 사용하여 질문과 답을 만드시오!

pl.

Mi van a fodrász előtt?
Egy szék van a fodrász előtt.

______________________________?

______________________________.

______________________________?

______________________________.

______________________________?

______________________________.

______________________________?

______________________________.

______________________________?

______________________________.

______________________________?

______________________________.

지시형용사와 처소격어미의 결합

- Melyik asztalon van a könyv? Ezen?
- Nem, nem ezen van, hanem azon.

- Ezen a téren sok pad van.
- Igen, de azon a téren nincs pad.

EZ + EN = EZEN
AZ + ON = AZON

다음 표현에 위 처소격어미를 붙이시오!

ez a szék ______________

az a fal ______________

ez az utca ______________

az a posta ______________

ez az egyetem ______________

ez az emelet ______________

az a menza ______________

ez a polc ______________

az a szekrény ______________

ez a busz ______________

- Melyik táskában van a toll? Ebben?
- Nem, nem ebben van, hanem abban.

- Ebben az épületben tanulunk.
- Igen, és abban az épületben ebédelünk.

EZ + BEN = EBBEN
AZ + BAN = ABBAN

다음 표현에 내부 처소격어미를 붙이시오!

ez a bank ______________________

az a szekrény ______________________

ez a szoba ______________________

az a tanterem ______________________

ez a szálloda ______________________

ez az étterem ______________________

az a múzeum ______________________

ez az autó ______________________

az a parkoló ______________________

ez a bolt ______________________

- Melyik asztalnál áll a tanár? Ennél?
- Nem, nem ennél áll, hanem annál.

- Ennél az autónál van a sofőr.
- Igen, de annál az autónál nincs sofőr.

EZ + NÉL = ENNÉL
AZ + NÁL = ANNÁL

다음 표현에 옆 처소격어미를 붙이시오!

ez a repülőtér ____________

az az ország ____________

ez a kollégium ____________

az a kávézó ____________

ez az iroda ____________

ez az óra ____________

az a város ____________

ez az épület ____________

az a vonat ____________

ez a könyvtár ____________

✅ 방을 묘사해보시오! 방에 무엇이 있나요? ~은 어디에 있나요?

Van szekrény a szobában?
Igen, van szekrény a szobában.
Igen, van.

Van pad a szobában?
Nem, nincs pad a szobában.
Nem, nincs.

NINCS/NINCSENEK	SINCS/SINCSENEK
~이 없다	~도 없다
NINCS: 단수	SINCS: 단수
NINCSENEK: 복수	SINCSENEK: 복수

- Van ________ a szobában?

- Igen, van ________ a szobában.

- Igen, van.

Van ________ a szobában?

Nem, nincs ________ a szobában.

Nem, nincs.

íróasztal	papír	tévé
szék	számítógép	könyv
doboz	telefon	lámpa
ágy	táska	
polc	pizza	

자신의 방과 그 안에 있는 물건들을 그림으로 그리고 물건들의 위치를 헝가리어로 설명해 보시오!

파트너의 설명을 듣고 파트너의 방과 그 안에 있는 물건들의 위치를 그림으로 그려보시오!

- A tanszéki irodában van három diák. Az egyik diák a nagy asztalnál ül az ablak előtt.
- Ki ő?
- Ő Sza Hjan, gólya. Az irodában dolgozik, de most magyarul tanul.
- Ki ül a számítógépnél?
- Ő Min Dzsun. Ő is az irodában dolgozik, most ír.
- És ki az a diák a szekrény előtt?
- Ő Dzsi Min. Most az asztalnál olvas.

KI?
의문대명사로 '누구?'를 의미
복수형은 KIK?

Ki ez?
Ki ő?
Ő a tanár.

Ki az?
Ki ő?
Ő a könyvtáros.

- Ki ez? (Ki ő?)

- Ő a/az ____________________.

- Ki az? (Ki ő?)

- Ő a/az ____________________.

tanár	tanuló	tanszékvezető
orvos	titkárnő	buszsofőr
fodrász	szerelő	
boltos	tanárnő	

Ki Ön?
Én vagyok a tanár.

Ki vagy (te)?
Én vagyok a diák.

Ő a tanár?

Ő tanár. 그는 선생이다.
Ő a tanár. 그는 그 선생이다.

+ Igen, ő a tanár.
− Nem, ő nem a tanár, ő az orvos.

Ön a tanár?

+ Igen, én vagyok a tanár.
− Nem, nem én vagyok a tanár, én az orvos vagyok.

Te vagy a tanár?

+ Igen, én vagyok a tanár.
− Nem, nem én vagyok a tanár, én a diák vagyok.

- Mi ez?
- Ez egy térkép.
- Mi van a térképen?
- Ez is a Hankuk Egyetem. Ez a másik kampusz.
- Milyen ez a kampusz?
- Elég kicsi és zajos, de érdekes.
- Hol van ez a kampusz?
- Szöulban van, Imun kerületben.
- Mi ez?
- Ez a bejárat. Itt van a kapu...

의문사: Mi? 무엇?
Milyen? 어떤?
Hol? 어디?

아래 그림과 안내판을 보고 어느 건물이 어디에 있는지 캠퍼스를 소개해 보시오!

1. Főépület	13. Diáképület és kollégium
4. Idegennyelvi épület	15. Szabadtéri színház
5. Nemzetközi épület	17. Minerva épület
8. Tanári épület I.	18. Minerva tér
9. Tanári épület II.	19. Bejárat és információ
10. Egyetemi könyvtár	20. Informatikai épület
11. Atti kávézó	

연습 문제

✅ 주어진 정보와 맞지 않는 문장을 고르시오!

NYELVI ÉPÜLET

ALAGSOR: MENZA, BÜFÉ, BOLT

FÖLDSZINT: ELŐTÉR, PORTA, FÉNYMÁSOLÓ

I. EMELET: TANTEREM, IRODA, TANÁRI SZOBA

① A menza az alagsorban van.

② A porta a földszinten van.

③ A tanári szoba is a földszinten van.

④ A menza, a büfé és a bolt a nyelvi épületben van.

Az irodában van egy nagy szekrény, három asztal és öt szék. Az egyik asztal a szekrény mellett van, a másik az ablak előtt. Sok könyv és magyar tárgy van a szekrényben. Egy lámpa van a szekrény fölött. Egy nagy doboz van az asztal alatt.

① Az irodában három asztal van.

② Egy doboz van a szekrény mellett.

③ Öt szék van az irodában.

④ Egy lámpa van a szekrény fölött.

SZÓSZEDET 어휘

Főnevek(명사)

ablak
ágy
ajtó
alagsor
asztal
bankautomata
bejárat
doboz
előtér
étel
fagylalt
fal
fénymásoló szoba
folyosó
füzet
íróasztal
iroda
kapu
kávé
kép
kerület
kimpap
könyv
lámpa
leves
mosdó
naptár
nyomtató
papír
park
pizza
polc
porta
rámjan
számítógép
szék
szekrény
színház
tanszékvezető
tárgy
táska
tea
tej
telefon
tér
térkép
tészta
tévé
üdítő
ülőke

☑ Igék(동사)

beszélget
dolgozik
ebédel
ír
kávézik
olvas
pihen
számítógépezik

☑ Melléknevek(형용사)

egyszerű
érdekes
kis
nagy
nemzetközi
rossz
színes
zajos

☑ Más szófajok(기타 품사)

egyik
másik
előtt
mögött
alatt
fölött/felett
mellett
között

5. lecke

MIK EZEK? MIK AZOK?
이것들은 무엇인가요? 저것들은 무엇인가요?

학습목표

- 명사의 복수형 익히기
- 형용사의 복수형 익히기
- 색깔 관련 기본 어휘 익히기

도입 질문

1. 헝가리어 단수 명사를 어떻게 복수로 만들까요?
2. 헝가리어 형용사를 어떻게 복수로 만들까요?
3. 색깔을 나타내는 헝가리어 단어에는 어떤 것들이 있을까요?
4. 헝가리어 문장을 어떻게 복수로 만들 수 있을까요?

MIK EZEK? MIK AZOK? 이것들은 무엇인가요? 저것들은 무엇인가요?

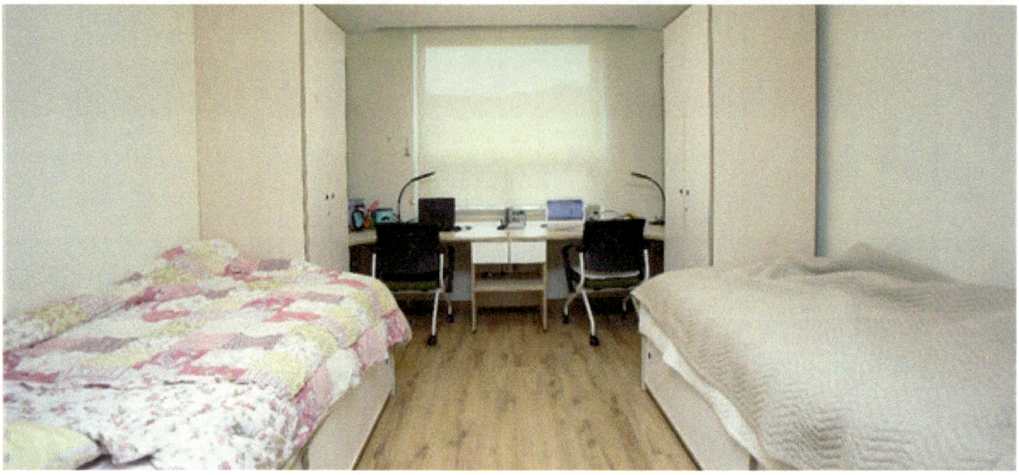

- Ez a kollégiumi szoba. Két diák lakik egy szobában. A szoba nem túl nagy, de világos és tiszta.
- Mik ezek?
- Ezek ágyak.
- Milyenek az ágyak?
- Az ágyak hosszúak és szélesek.
- Kényelmesek?
- Szerintem igen. Kipróbálod?
- Aha. Tényleg kényelmes.
- Mik azok?
- Azok szekrények.
- Milyenek a szekrények?
- Elég nagyok és magasak.
- Mi van a szekrényekben?
- Ruhák: nadrágok, blúzok, szoknyák, kabátok. Azok íróasztalok. Az íróasztalok világosbarnák. Az asztalok előtt székek vannak, azok feketék. Az asztalokon lámpák is vannak.
- Van fürdőszoba?
- Persze, ott van az ajtó mellett.

MIK? 명사의 복수

-k	-ok -ak	-ek	-ök
ajtók	ablakok	emeletek	törökök
tolltartók	asztalok	emberek	gyümölcsök
kávézók		szekrények	őrök
	buszok		
iroda/irodák			
tábla/táblák	házak		
körte/körték	könyvtárak		
kefe/kefék			
	étterem/éttermek		
	tó/tavak		
	levél/levelek		
	madár/madarak	!	
	híd/hidak		
	tér/terek		
	pohár/poharak		

명사의 복수형

- 모음으로 끝나는 명사: -k
- 모음 중 a, e로 끝나는 명사: a와 e를 장모음화 -ák/-ék
- 자음으로 끝나고 후설모음으로 구성된 명사: -ok, -ak
- 자음으로 끝나고 전설모음으로 구성된 명사: -ek
- 자음으로 끝나고 원순모음으로 구성된 명사: -ök

(예외: könyvek)

다음 명사의 복수형을 쓰시오!

pl.

diák	diákok

tanterem	______	épület	______
egyetemista	______	mérnöki kar	______
tanár	______	könyvtár	______
orvos	______	diáképület	______
fodrász	______	bank	______
titkárnő	______	posta	______
szerelő	______	könyvesbolt	______
nyelviskola	______	gyorsétterem	______
porta	______	függöny	______
teniszpálya	______	anyag	______
kollégium	______	ár	______
menza	______	asszony	______
főépület	______	bélyeg	______
focipálya	______	bútor	______
buszállomás	______	cukrászda	______

Mik ezek?
Ezek asztalok.

Mik azok?
Azok székek.

- Mik ezek?
- Ezek ajtók.

- Mik azok?
- Azok ablakok.

- Mik ezek?
- Ezek ________________.

- Mik azok?
- Azok ________________.

ajtó	toll	radír	trolibusz
ablak	ceruza	olimpia	tükör
tábla	papír	önéletrajz	túra
polc	számítógép	szomszéd	vasút
szekrény	naptár	takarító	teszt
táska	kabát	táncos	tűz
könyv	tolltartó	törölköző	tömeg

Ezek polcok?

- ⊕ Igen, ezek polcok.
- ⊖ Nem, ezek nem polcok, hanem szekrények.

Azok tollak?

- ⊕ Igen, azok tollak.
- ⊖ Nem, azok nem tollak, hanem ceruzák.

EZEK/AZOK

az + ok = azok
ez + ek = ezek

íróasztal	papír	tévé
szék	számítógép	könyv
doboz	telefon	lámpa
ágy	táska	
polc	pizza	

MILYENEK? 형용사의 복수

-k (-ak) (-ek)	-ak (-ok)	-ek
kicsik olcsók jók	magasak zsírosak rosszak	szépek szélesek szegények
drága/drágák buta/buták fekete/feketék	nagyok fiatalok udvariatlanok	
koreai**ak** szigorú**ak** gyönyörű**ek**		

형용의 복수형

- 모음으로 끝나는 형용사: -k
- 모음 중 a, e로 끝나는 형용사: a와 e를 장모음화 후 -k
- 모음 중 i, ú, ű로 끝나는 형용사: -ak, -ek
- 자음으로 끝나고 후설모음으로 구성된 형용사: -ak (예외: -ok)
- 자음으로 끝나고 전설모음으로 구성된 형용사: -ek

SZÍNEK

fehér	fehérek
fekete	feketék
szürke	szürkék
kék	kékek
zöld	zöldek
piros	pirosak
sárga	sárgák
narancssárga	narancssárgák
barna	barnák
lila	lilák
rózsaszín/rózsaszínű	rózsaszínűek

világoskék/**sötét**kék

világoszöld/**sötét**zöld stb

다음 형용사의 복수형을 쓰시오!

pl.

magas	magasak

jó	______	keskeny	______
magyar	______	új	______
koreai	______	régi	______
kínai	______	szép	______
japán	______	csúnya	______
angol	______	tiszta	______
német	______	piszkos	______
finn	______	világos	______
nagy	______	sötét	______
kicsi	______	olcsó	______
magas	______	csendes	______
alacsony	______	csinos	______
hosszú	______	forró	______
rövid	______	havas	______
széles	______	remek	______

Milyenek a polcok?
A polcok magasak.

- Milyenek a/az ______________?

- A/Az ____________________.

teniszpálya	nagy
kollégium	kicsi
menza	magas
focipálya	alacsony
épület	hosszú
könyvtár	rövid
bank	széles
posta	keskeny
könyvesbolt	új
gyorsétterem	régi
kávézó	szép
tó	csúnya
park	tiszta
tanterem	piszkos
ajtó	világos
asztal	sötét
ablak	olcsó
tábla	drága
toll	színes
radír	modern
naptár	emeletes

다음 문장들을 복수형으로 만드시오!

Te koreai vagy.

Én magyar vagyok.

Ő kínai.

A szék régi.

Az asztal új.

A diáképület ötemeletes.

A menza jó.

A radír olcsó.

A szekrény magas és széles.

A kollégium modern és kényelmes.

Az ajtó barna.

A papír fehér és tiszta.

A könyv olcsó, de jó.

Te tanár vagy?

Ön fodrász?

Ő diák?

다음 문장들을 단수형으로 만드시오!

Mi tanárok vagyunk.

Ti orvosok vagytok.

Ők szerelők.

Azok a diákok koreaiak.

Ezek a képek szépek.

A székek nagyon kényelmesek.

Az ablakok tiszták.

A számítógépek újak és drágák.

Az épületek magasak.

Ezek a radírok kicsik.

A tollak színesek.

Azok a pályák nagyok.

Ezek a táblák fehérek.

A kabátok kékek.

Azok a tolltartók elég kicsik.

Hol vannak a nagy szekrények?
A nagy szekrények itt vannak.

- Hol vannak a piros kabátok?
- A piros kabátok ott vannak.

- Hol vannak a/az ______ ______?

- A/Az ______ ______ ______ ______.

nagy	teniszpálya
kicsi	kollégium
magas	menza
alacsony	focipálya
hosszú	épület
rövid	könyvtár
széles	bank
keskeny	posta
új	könyvesbolt
régi	gyorsétterem
szép	kávézó
csúnya	tó
tiszta	park
piszkos	tanterem
világos	ajtó
sötét	asztal
olcsó	ablak
drága	tábla
színes	toll

다음 문장들을 복수형으로 만드시오!

A koreai diák okos.

Az a diák magyar.

Te japán vagy?

A kínai orvos a kórházban van.

A nagy tábla a falon van.

Az ablak piszkos.

A piszkos ablak balra van.

Hol van a drága telefon?

Ő magyar?

Hol van a német tanárnő?

A nagy szoba jobbra van.

Az a könyv olcsó, de jó.

A hosszú ceruza az asztalon van.

A sárga papír a tolltartó mellett van.

Hol van az új számítógép?

연습 문제

다음 문장들을 완성하시오!

1. A koreai diák(　　　　) okosak.

① -ak　　② -ok　　③ -k　　④ -ek

2. A fehér szekrény(　　　　) a szobában vannak.

① -ak　　② -ok　　③ -ek　　④ -k

3. Hol (　　　　) a tollak?

① van　　② vannak　　③ vagy　　④ vagytok

4. (　　　　) japánok?

① Ő　　② Ti　　③ Mi　　④ Ők

5. A székek régi(　　　　).

① -ak　　② -k　　③ -ek　　④ -ok

6. A könyv(　) szépek.

① -ök　　② -ek　　③ -ak　　④ -ok

7. A gyümölök finom(　).

① -ök　　② -ek　　③ -ak　　④ -ok

8. Ők kínai(　).

① -ok　　② -k　　③ -ak　　④ -ek

9. Az ételek (   ).

① sótlanak ② sótlan ③ sós ④ sótlanok

10. A diákok szorgalmas(   ).

① -ok ② -ek ③ -nak ④ -ak

SZÓSZEDET 어휘

Főnevek(명사)

blúz
fürdőszoba
kabát
nadrág
ruha
szoknya
négyzetméter

Igék (동사)

kipróbál

Melléknevek (형용사)

barna
fehér
fekete
kék
lila
narancssárga
piros
rózsaszín/rózsaszínű
sárga
szürke
zöld

MEMO

6. lecke

MIT CSINÁLUNK MA?
우리는 오늘 무엇을 하나요?

학습목표

- 치음으로 끝나는 동사의 인칭변화 익히기
- ik동사의 인칭변화 익히기
- 불규칙 동사의 인칭변화 익히기

도입 질문

1 헝가리어 불규칙 동사에는 어떤 것들이 있나요?
2. 치음으로 끝나는 동사와 ik동사는 어떻게 인칭변화를 하나요?
3. 자신의 일과를 헝가리어로 소개할 수 있나요?
4. 이유와 원인을 나타내는 문장을 만들 수 있나요?

MIT CSINÁLUNK MA? 우리는 오늘 무엇을 하나요?

- Halló! Szia.
- Szia, Hanna! Hogy vagy?
- Köszi, jól vagyok! És te, Ün Cse?
- Én is. Hol vagy most?
- A magyar tanszéki irodában vagyok. Itt van Zsombor is. Te hol vagy?
- Én a buszállomásnál vagyok, a főépület mellett. Mit csináltok az irodában?
- Zsombor és Bo Min koreaiul beszélget, én pedig a számítógép előtt ülök, és olvasok.
- Ki van még ott?
- Itt van Dzsun Bam és Hjan Dzsong is.
- Ők mit csinálnak?
- Szerintem tanulnak. Az asztalnál ülnek, olvasnak és írnak. És te mit csinálsz a főépületnél?
- Nem egyedül vagyok, itt van Mi Kjang is. Az épület előtt ülünk egy padon és várunk. Most Mi Kjang is telefonál. Nem találkozunk?
- De, jó ötlet! Hol találkozunk?
- A főépület előtt, jó?
- Oké.
- Egyedül jössz?
- Nem, nem egyedül megyek. Szerintem Dzsun Bam, Hjan Dzsong és Zsombor is jön. (Hé, fiúk, a főépülethez megyek ... nem megyünk együtt?)
- De igen, mi is megyünk!
- Ün Cse! Ők is jönnek. Akkor együtt megyünk. Most indulunk. A többiek itt maradnak.
- Klassz! Mi itt maradunk a padon és várunk.
- Rendben! Viszlát hamarosan!
- Oké, szia!

동사의 현재 인칭변화

én	beszélek	várok	indulok
te	beszélsz	vársz	indulsz
ő/Ön	beszél	vár	indul
mi	beszélünk	várunk	indulunk
ti	beszéltek	vártok	indultok
ők/Önök	beszélnek	várnak	indulnak

-S, -SZ, -Z로 끝나는 동사

én	olvasok	főzök	keresek
te	olvasol	főzöl	keresel
ő/Ön	olvas	főz	keres
mi	olvasunk	főzünk	keresünk
ti	olvastok	főztök	kerestek
ők/Önök	olvasnak	főznek	keresnek

IK로 끝나는 동사

én	találkozom	teniszezem	öltözöm
te	találkozol	teniszezel	öltözöl
ő/Ön	találkozik	teniszezik	öltözik
mi	találkozunk	teniszezünk	öltözünk
ti	találkoztok	teniszeztek	öltöztök
ők/Önök	találkoznak	teniszeznek	öltöznek

JÖN, MEGY (불규칙 동사)

én	jövök	megyek
te	jössz	mész
ő/Ön	jön	megy
mi	jövünk	megyünk
ti	jöttök	mentek
ők/Önök	jönnek	mennek

다음 표를 완성하시오!

én	*csinálok*		
te		*ülsz*	
ő/Ön			*ír*
mi			
ti			
ők/Önök			

én			
te			
ő/Ön			
mi	*találkozunk*		
ti		*jöttök*	
ők/Önök			*mennek*

✅ 다음 동사들을 알맞은 형태로 인칭 변화 시키시오!

becsomagol	______________________	(én)
belép	______________________	(ő)
betűzik	______________________	(mi)
felír	______________________	(ti)
működik	______________________	(az)
rágyújt	______________________	(te)
részt vesz	______________________	(mi)
sakkozik	______________________	(ők)
siet	______________________	(én)
sörözik	______________________	(ti)
tanulmányoz	______________________	(ő)

다음 동사들을 알맞은 위치에 쓰시오!

kívánsz	csókolóznak	éltek	tanulok
beszélsz	ül	örülnek	járok
beszélgetünk	dolgoztok	ebédel	írnak
kávéztok	olvasol	pihenek	számítógépeztek

én ____________________

te ____________________

ő/Ön ____________________

mi ____________________

ti ____________________

ők/Önök ____________________

보기와 비슷한 짧은 대화문들을 만들어 보시오!

- Szia! Hol vagy? Mit csinálsz?
- Szia. Az irodában vagyok és telefonálok. És te hol vagy? Mit csinálsz?

- Sziasztok! Hol vagytok? Mit csináltok?
- Sziasztok. Az irodában vagyunk és telefonálunk. És ti hol vagytok? Mit csináltok?

tanul
beszél
ül
beszélget
dolgozik
ebédel
ír
kávézik
olvas
pihen
számítógépezik

주어진 단어를 사용하여 문장을 만드시오!

pl.

ő	tanul	egyetem

Ő az egyetemen tanul.

1. ők beszél koreai

2. te ül pad

3. busz jár kampusz

4. ti beszélget főépület

5. Ön dolgozik nyelviskola

6. mi ebédel menza

7. ő ír asztal

8. én	kávézik	büfé
9. ti	olvas	könyvtár
10. mi	pihen	park

위의 문장들을 의문문으로 만들고 보기처럼 긍정과 부정으로 답하시오!

pl.

Ő az egyetemen tanul?
Igen, ő az egyetemen tanul. (Igen, ott tanul.)
Nem, ő nem az egyetemen tanul. (Nem, nem ott tanul.)

1. ______

2. ______

3. ______

4. ______

5.

위 문장들로 의문사 ki와 hol을 사용하여 질문들을 만들고 그 질문들에 답하시오!

pl.

Ki tanul az egyetemen?	Hol tanul ő?
Ő tanul az egyetemen.	Ő az egyetemen tanul.

1.

2.

3.

4.

5.

그림에서 무엇을 볼 수 있는지 쓰시오! 주어진 단어들도 사용하시오!

pl.

két diák, férfi, ebédel, ül, asztal
Két diák ül az egyik asztalnál és ebédel. A másik asztalnál egy férfi ül, ő iszik.

mi, nő, ebédel

ti, Csenge, áll, telefonál, vár

✅ tanár, diák, asztal, tábla, olvas, tanul, ír, tanít

- Sziasztok! Mit csinálunk ma?
- Sziasztok! Ma különleges nap van. Délután buli lesz a tó mellett.
- Tényleg? Milyen buli?
- Az új és a régi diákok találkoznak.
- Mi is megyünk?
- Persze, mi is ott leszünk.
- És mit csinálunk ott?
- A tó mellett vannak padok. Leülünk a padokra, és beszélgetünk.
- Milyen nyelven beszélgetünk?
- Szerintem koreaiul, magyarul és angolul is. Hjan Szu és Ju Dzsang zenél majd, a lányok pedig koreaiul énekelnek. Ti is énekeltek magyarul?
- Persze, miért ne?!
- Aztán sütünk, főzünk, eszünk és iszunk. A fiúk talán sportolnak is.
- Sportolnak?!
- Igen, tollaslabdáznak, fociznak, pingpongoznak.
- Szerintem én is tollaslabdázom majd.
- Én pedig pingpongozom.
- Jó. Akkor délután találkozunk!

LESZ

én leszek
te leszel
ő/Ön lesz — van 동사의 미래형: ~이 될 것이다, ~에 있을 것이다

mi leszünk
ti lesztek
ők/Önök lesznek

szerintem
szerinted
szerinte

후치사 + 소유인칭어미

szerintünk
szerintetek
szerintük

SÜT

én	sütök
te	sütsz
ő/Ön	süt
mi	sütünk
ti	süttök
ők/Önök	sütnek

ESZIK, ISZIK

én	eszem	iszom
te	eszel	iszol
ő/Ön	eszik	iszik
mi	eszünk	iszunk
ti	esztek	isztok
ők/Önök	esznek	isznak

다음 동사들을 주어진 인칭에 맞게 현재시제로 인칭변화 시키시오!

beszélget	mi	
találkozik	ők	
énekel	ti	
focizik	te	
tollaslabdázik	ő	
pingpongozik	mi	
főz	ti	
eszik	én	
iszik	te	
megy	ők	

MIT CSINÁLUNK A KONYHÁBAN?

pl.

A konyhában főzünk.	főz
______________________	eszik
______________________	iszik
______________________	mosogat
______________________	vág
______________________	törölget

MI VAN A KONYHÁBAN?

pl.

A konyhában tűzhely van.

tűzhely	hűtő(szekrény)
mosogató	mikró (mikrohullámú sütő)
mosogatógép	konyhaszekrény
sütő	kávéfőző
szakácskönyv	villa
szalvéta	kanál
tányér	kés
mosógép	

MIÉRT?

MIÉRT? (왜?) **AZÉRT, MERT (왜냐하면 ~ 때문이다)**

- Miért mész a menzára?
- Azért megyek a menzára, mert éhes vagyok.
- Miért nem mész sportolni?
- Azért nem megyek sportolni, mert elfoglalt vagyok.

azért와 mert를 사용하여 다음 질문들에 답하시오!

1. Miért vagy szomorú?

2. Miért nem tanultok?

3. Miért mennek Magyarországra?

4. Miért nem mentek moziba?

5. Miért nem esztek?

6. Miért szállsz fel a buszra?

7. Miért vesztek két kólát?

8. Miért találkoznak?

9. Miért nem akarsz moziba menni?

10. Miért mész orvoshoz?

연습 문제

다음 문장을 완성하시오!

1. Mi nem beszél(　　) japánul.

① -unk　　② -tek　　③ -nek　　④ -ünk

2. Ők leül(　　) a padra.

① -ök　　② -nak　　③ -nek　　④ -tök

3. (　　) nyelven beszélsz?

① Mi　　② Milyen　　③ Hol　　④ Ki

4. Ti mit csinál(　　)?

① -tek　　② -tuk　　③ -tok　　④ -nak

5. Tóth Mária az asztal(　　) ül.

① -nál　　② -ban　　③ -ok　　④ -ben

6. Szerint(　　) nagyon szép ez az autó.

① -uk　　② -ek　　③ -ak　　④ -em

7. Szerint(　　) boldog vagy?

① -ed　　② -ek　　③ -en　　④ -ok

8. A taxi a posta (　　) áll.

① alatt　　② előtt　　③ szerint　　④ fölött

9. (   ) mész a kórházba?

① Mert ② Szerint ③ Miért ④ Mi

10. Azért megyek a korházba, (   ) beteg vagyok

① miért ② mert ③ azért ④ szerint

SZÓSZEDET 어휘

Főnevek(명사)

buli
délután
nap
ötlet

Igék(동사)

csinál
énekel
eszik
focizik
főz
indul
ír
iszik
jön
leül
megy
olvas
pingpongozik
sportol
süt
találkozik
telefonál
tollaslabdázik
vár
zenél

Melléknevek(형용사)

különleges

Más szófajok(기타 품사)

egyedül
együtt
persze
tényleg

7. lecke

MIT CSINÁLSZ?
너 뭐하고 있니?

학습목표

- 명사의 목적격 만들기
- 형용사의 목적격 만들기
- 서수의 형용사형 익히기

도입 질문

1. 명사의 목적격을 어떻게 만들까요?
2. 형용사의 목적격을 어떻게 만들까요?
3. 수사의 형용사형은 어떻게 만들까요?
4. 물건을 살 때 헝가리어로 어떻게 말할까요?

Mit csinálsz? 너 뭐하고 있니?

Lili: Halló, Min Dzsun, te vagy az?

Min Dzsun: Igen, én vagyok. Szia, Lili! Hogy vagy?

Lili: Kösz, jól vagyok. És te? Hol vagy most?

Min Dzsun: Itthon vagyok.

Lili: Mit csinálsz otthon?

Min Dzsun: Az ágyon fekszem és olvasok.

Lili: Mit olvasol?

Min Dzsun: Egy nagyon érdekes, magyar könyvet.

Lili: Milyen könyv az?

Min Dzsun: Egy regény. Tényleg érdekes! Tudod, én elég sokat olvasok. És te mit csinálsz?

Lili: Én is itthon vagyok, és tévét nézek.

Min Dzsun: Mit nézel?

Lili: Egy amerikai filmet, de nem túl érdekes, inkább unalmas. Nem találkozunk? Nem iszunk egy kávét?

Min Dzsun: Nem rossz ötlet! Hol találkozunk?

Lili: Van itt egy jó kávézó a közelben. A buszmegállónál találkozunk, és együtt megyünk oda, oké?

Min Dzsun: Rendben, akkor most indulok.

Lili: Jó, én is megyek. Csaó.

Min Dzsun: Szevasz.

	FEKSZIK	ALSZIK
én	fekszem	alszom
te	fekszel	alszol
ő/Ön	fekszik	alszik
mi	fekszünk	alszunk
ti	fekszetek	alszotok
ők/Önök	fekszenek	alszanak

-ik 동사의 현재 인칭 변화

Mit olvasol?
Egy magyar könyvet olvasok.

Mit nézel?
Egy amerikai filmet nézek.

MIT?

kávét	házat	kollégiumot	széket	bőröndöt
sört	könyvtárat	kabátot	képet	elnököt
tanárt	tollat	polcot	emeletet	görögöt
ajtót	naptárt	boltot	épületet	törököt

tábla – táblát	étterem – éttermet	tó – tavat
mese – mesét	levél – levelet	

명사의 목적격

- 모음으로 끝나는 명사: -t
- 모음 중 a, e로 끝나는 명사: a와 e를 장모음화 후 -t
- 자음으로 끝나고 후설모음으로 구성된 명사: -ot, -at
- 자음으로 끝나고 전설모음으로 구성된 명사: -et
- 자음으로 끝나고 원순모음으로 구성된 명사: -öt

예외: 명사가 j, l, ly, n, ny, r, s, sz, z, zs로 끝나면 모음으로 끝날 때처럼 -t만 붙인다

인칭대명사의 목적격

KIT?

én	engem
te	téged
ő	őt
ön	önt
mi	minket/bennünket
ti	titeket/benneteket
ők	őket
önök	önöket

알맞은 목적격 조사를 써 넣으시오!

ajtó ______

ablak ______

tábla ______

polc ______

szekrény ______

táska ______

könyv ______

toll ______

ceruza ______

papír ______

számítógép ______

naptár ______

kabát ______

tolltartó ______

radír ______

buli ______

délután ______

nap ______

ötlet ______

kampusz ______

porta ______

teniszpálya ______

kollégium ______

menza ______

főépület ______

focipálya ______

buszállomás ______

épület ______

mérnöki kar ______

könyvtár ______

diáképület ______

bank ______

posta ______

papírbolt ______

EURÓPA KÁVÉHÁZ Café

ITALLAP:

ESZPRESSZÓ	500 Ft
KAPUCSÍNÓ	800 Ft
HOSSZÚ KÁVÉ	450 Ft
FEKETE TEA	300 Ft
ZÖLD TEA	350 Ft

ÉDESSÉG:

DOBOS-TORTA	700 Ft
CSOKOLÁDÉTORTA	700 Ft
GYÜMÖLCSTORTA	650 Ft
FAGYLALT (1 gombóc)	300 Ft

Lili: Mit kérsz? Én fizetek.

Min Dzsun: Rendben, legközelebb pedig én. Talán egy teát kérek ... Nem, nem, egy pillanat, inkább egy kapucsínót. És te mit kérsz?

Lili: Azt hiszem, én egy eszpresszót iszom. Egy kicsit fáradt vagyok. Kérsz valamilyen édességet?

Min Dzsun: Hm ... szerinted milyen itt a gyümölcstorta?

Lili: Szerintem nagyon finom!

Min Dzsun: Akkor eszem egy szelet gyümölcstortát. Te mit kérsz?

Lili: Én egy fagyit eszem.

.

.

.

Lili: Legyen szíves!

Eladó: Igen, mit adhatok?

Lili: Egy kapucsínót, egy eszpresszót, egy gyümölcstortát és három gombóc csokifagyit kérünk.

Eladó: Még valamit?

Lili: Köszönjük szépen, mást nem kérünk. Mennyit fizetek?

Eladó: 2850 forintot kérek.

Lili: Tessék, 3000 forint. Köszönöm, nem kérek vissza.

주어진 단어를 가지고 보기와 같이 대화를 만드시오!

- Mit csinálsz?
- Olvasok.
- Mit olvasol?
- Egy jó könyvet olvasok.

1. - Mit csinálszf? főz leves

- _______________.

- Mit _______________?

- _______________________________.

2. - Mit csinálsz? vásárol kenyér

- _______________.

- Mit _______________?

- _______________________________.

3. - Mit csinálsz? tévét néz film

- _______________.

- Mit _______________?

- _______________________________.

4. - Mit csinálsz? tanul magyar

- _______________.

- Mit _______________?

- _______________________________.

- Mit csinálsz?
- Kezet mosok.

5. eszik pizza (én)

6. iszik kóla mi

7. ír levél ti

8. olvas újság Ön

9. kér szendvics ők

10. vár busz Önök

PAPÍRBOLT 문방구

Min Dzsun: Jó napot kívánok!
Eladó: Jó napot kívánok! Mit adhatok?
Min Dzsun: Egy nagy füzetet és egy kék tollat kérek.
Eladó: Még valamit?
Min Dzsun: Igen, egy radírt és két piros filctollat is kérek.
Eladó: Mást nem kér?
Min Dzsun: De igen, egy csomag A4-es papírt is kérek. Mennyit fizetek?
Eladó: Összesen 2750 forint lesz. Kártya vagy készpénz?
Min Dzsun: Kártya. Tessék.

아래 단어들을 사용하여 위의 대화와 비슷한 짧은 대화문들을 만들어 보시오!

post-it
boríték
ceruza
ragasztó
színes papír
olló

ÉLELMISZERBOLT 식료품가게

kilogramm = kiló (킬로그램)	1 kiló kenyér	doboz(박스, 상자) 1 doboz sör
dekagramm = deka (10그램)	20 deka szalámi	szelet(조각, 선분) 5 szelet hús
liter(리터)	2 liter víz	karton(종이갑) 1 karton cigaretta
darab(조각, 개수)	10 darab tojás	üveg(유리병) 1 üveg kóla

쇼핑 리스트를 만드시오!

ásványvíz	zsemle	paprika
tej	kenyér	paradicsom
sajt	tojás	uborka
szalámi	üdítő	saláta
sonka	só	stb.
kolbász	cukor	

BEVÁSÁRLÓLISTA

1.
2.
3.
4.
5.
6.
7.
8.
9.
10.

☑ CIPŐBOLT 신발가게

Women's Shoes											
Korea (mm)	220	225	230	235	240	245	250	255	260	265	270
Japan (cm)	22	22.5	23	23.5	24	24.5	25	25.5	26	26.5	27
USA	5	5.5	6	6.5	7	7.5	8	8.5	9	9.5	10
Europe	36	36	36.5	37	38	38.5	39	40	40.5	41	42
UK	3	3.5	4	4.5	5	5.5	6	6.5	7	7.5	8

Men's Shoes											
Korea (mm)	240	245	250	255	260	265	270	275	280	285	290
Japan (cm)	24	24.5	25	25.5	26	26.5	27	27.5	28	28.5	29
USA	6	6.5	7	7.5	8	8.5	9	9.5	10	10.5	11
Europe	38	38.5	39	40	40.5	41	42	42.5	43	44	44.5
UK	5	5.5	6	6.5	7	7.5	8	8.5	9	9.5	10

Eladó: Jó napot kívánok! Miben segíthetek?

Dzsun Sza: Jó napot kívánok! Edzőcipőt keresek.

Eladó: Milyen edzőcipőt keres?

Dzsun Sza: Divatosat, de nem túl drágát.

Eladó: Hányasat?

Dzsun Sza: Negyvenketteset vagy negyvenhármasat.

Eladó: Milyen színűt? Fehéret? Kéket? Ezek most nagyon népszerűek.

Dzsun Sza: Talán fehéret.

Eladó: Ez a Puma cipő szerintem nagyon menő! Mit gondol?

Dzsun Sza: Nem is tudom ...

Eladó: Vagy ez a fehér Adidas? Ez a cipő is népszerű mostanában.

Dzsun Sza: Mennyibe kerül ez a cipő?

Eladó: Most elég olcsó, tizenháromezer-kilencszázkilencven forintba kerül.

Dzsun Sza: Hm ... nem rossz, de azt hiszem, holnap visszajövök.

MILYET?

-t	-ot -at	-et	-öt
kicsit	nagyot	szépet	görögöt
olcsót	világosat	széleset	törököt
jót	rosszat		
	magasat		
koreait	drága/drágát	pirosat	
kínait	buta/butát	sárgát	
keletit	fekete/feketét	rózsaszínűt	

SZÁMOK - HÁNYAS?

1. egyes	10. tízes	11. tizenegyes
2. kettes	20. húszas	12. tizenkettes
3. hármas	30. harmincas	13. tizenhármas
4. négyes	40. negyvenes	24. huszonnégyes
5. ötös	50. ötvenes	35. harmincötös
6. hatos	60. hatvanas	46. negyvenhatos
7. hetes	70. hetvenes	57. ötvenhetes
8. nyolcas	80. nyolcvanas.	68. hatvannyolcas
9. kilences	90. kilencvenes	79. hetvenkilences

100.	százas
1000.	ezres
10000.	tízezres
100000.	százezres
1000000.	(egy)milliós

HÁNYAS(A)T?

egyeset	harmincheteset	százasat	*S-eset/S-est*
hatosat	negyvenegyeset	százötöset	*M-eset/M-est*
tízeset	harminchatosat	száztízeset	*L-eset/L-est*
			XL-eset/XL-est
			XXL-eset/XXL-est

Hányas cipőt keres?
Negyvenketteset vagy negyvenhármasat.

HÁNY?

Hány szék van a szobában?
Hány zsemlét kér?
Hány óra van?

MENNYI?

Mennyi víz van az üvegben?
Mennyi kenyér van itthon?
Mennyi az idő?

의문 대명사:

Hány: 얼마나?
Mennyi: 얼만큼?

아래 주어진 단어들을 사용하여 예문처럼 비슷한 대화를 만들어 보시오!

- Jó napot kívánok! Miben segíthetek?
- Jó napot kívánok! Kabátot keresek.
- Milyen kabátot keres?
- Divatosat, de nem túl drágát.

RUHÁZATI BOLT

ing	alsónadrág	kardigán
nadrág	zokni	farmer
pulóver	kabát	sál
póló	blúz	sapka
bugyi	szoknya	

NAPSUGÁR BÜFÉ

ÉTLAP

ZSEMLE	25 Ft	PIZZA	770 Ft
SZENDVICS	310 Ft	HAMBURGER	540 Ft
POGÁCSA	270 Ft	HOT DOG	415 Ft
TEJ	145 Ft	GYROS TÁL	970 Ft
TEA	135 Ft		
KÁVÉ	270 Ft		
KÓLA	185 Ft		

두 사람씩 짝을 이루어 위의 메뉴판을 보고 보기처럼 대화를 해보시오!

- Jó napot kívánok! Miben segíthetek?
- Jó napot kívánok! Egy szendvicset kérek.
- Tessék.
- Mennyibe kerül ez a szendvics?
- Háromszáztíz forintba kerül.

두 명씩 짝을 이루어 다음 단어들을 사용하여 야채 가게와 과일 가게에서 이루어지는 대화를 연습해 보시오!

alma	hagyma
bab	káposzta
banán	kukorica
barack	narancs
borsó	répa
citrom	fejes saláta
eper	szőlő
fokhagyma	zöldhagyma
gomba	zöldség

EGYÉB ÉLELMISZEREK (ÉTELEK/ITALOK)

csirkehús	csont	tenger gyümölcsei
desszert	disznóhús	narancslé
fűszer	fűszeres	túró
gulyás	hozzávalók	tonhal
joghurt	kaja	szalonna
konzerv	méz	vaj
köret	marhahús	szósz
méz	rántott	tejeskávé
sült burgonya	sült krumpli	rétes
sütemény	szalámi	tejföl
szóda		

연습 문제

✅ 주어진 정보와 맞지 않는 보기를 찾으시오!

1.

NŐI RUHAÜZLET

KALAP	9.700 Ft
KABÁT	15.300 Ft
KARDIGÁN	8.650 Ft
SZOKNYA	3.000 Ft
BLÚZ	10.000 Ft
CIPŐ	28.300 Ft

① A cipő nagyon drága.

② A blúz tízezer forintba kerül.

③ Nincs kalap az üzletben.

④ A szoknya olcsó.

2.

Étlap

Levesek:		Főételek:	
Húsleves	850 Ft	Rántott szelet sült burgonyával	1.690 Ft
Paradicsomleves	720 Ft	Marhapörkölt galuskával	3.000 Ft
Gyümölcsleves	900 Ft	Halászlé	1.890 Ft
Desszertek:			
Kakaós palacsinta	240 Ft		

① Van desszert az étlapon.

② A marhapörkölt háromezer forintba kerül.

③ A főételek elég drágák.

④ Négy főétel van az étlapon.

3.

Ruházati bolt

kabát (fehér)	17.400 Ft
pulóver	2.160 Ft
nadrág	2.350 Ft
ing (fekete)	20.170 Ft

① A kabát fehér színű.

② A pulóver nem túl drága.

③ Az ing fekete.

④ Az ing nagyon olcsó.

SZÓSZEDET 어휘

☑ Főnevek(명사)

alsónadrág
árengedmény
ásványvíz
blúz
boríték
cappuccino
cipőbolt
cukor
csomag
darab
dekagramm (deka) dkg
doboz
edzőcipő
élelmiszerbolt
eszpresszó
fagylalt
filctoll
film
házi feladat
hosszú kávé
ing
kabát
kardigán
karton
kártya
kenyér
készpénz
kifli
kilogramm (kiló) kg
kolbász
levél
leves
liter
nadrág
olló
palacsinta
pillanat
póló
pulóver
ragasztó
regény
ruházati bolt
sajt
só
sonka
sült csirke
szalámi
szelet
szendvics
szó (szavak)
szoknya
tea
tej
tojás
torta
újság
vásárló

zene
zokni
zsemle

☑ Igék(동사)
alszik
fekszik
fizet
hallgat
hisz
kér
rendel
vásárol
vesz
visszajön

☑ Melléknevek(형용사)
divatos
finom
menő
népszerű
unalmas

☑ Más szófajok(기타 품사)
itthon
közelben
legközelebb
mostanában
otthon
összesen
rendben
talán

☑ Kifejezések
Egy pillanat.
Rendben.
Azt hiszem ...
Legyen szíves!
Mit adhatok?
Még valamit?
Mást nem kér?
Mennyit fizetek?
Köszönöm, nem kérek vissza.
Kártya vagy készpénz?
Mennyibe kerül?

KULTURÁLIS INFORMÁCIÓ 문화 정보

BORRAVALÓ

헝가리에서 팁은 일반적으로 10% 정도 주는 것이 관행이다. 식당이나 카페에서 지불해야 할 액수가 많은 경우에는 5%~10%정도를 주기도 한다. 그러나 요즘에는 팁이 포함 된 경우도 많으므로 계산서에 팁이 포함되었는지 미리 확인하는 것이 좋다. 택시의 경우 짐이 있을 경우에 택시비의 5%~10% 정도를 주는 것이 일반적이다.

8. lecke

HOVÁ MÉSZ? HONNAN JÖSSZ?

어디에 가니? 어디에서 오니?

학습목표

- 처소격어미 익히기
- 동사의 전철 익히기
- 격어미 -val/-vel 익히기

도입 질문

1. 장소를 나타내는 격어미에는 어떤 것들이 있을까요?
2. 헝가리어 동사의 전철이란 무엇인가요?
3. 동사의 전철에는 어떤 것들이 있나요?
4. 격어미 -val/-vel이란 무엇인가요?

HOVÁ MÉSZ? HONNAN JÖSSZ? 어디에 가니? 어디에서 오니?

Sza Hjan: Szia, Helga! Hol vagy most?

Helga: Szia. Még itthon vagyok, de hamarosan elindulok itthonról.

Sza Hjan: Hova mész?

Helga: Jaj, nagyon sok helyre! Először elmegyek a papírboltba, és veszek néhány füzetet és tollat. A papírboltból átmegyek a bankba, az nagyon közel van, veszek ki pénzt. A bankból a fodrászhoz megyek.

Sza Hjan: Tényleg sok helyre mész! Hova mész a fodrásztól?

Helga: Onnan elmegyek a postára, feladok egy levelet. A postáról az egyetemre megyek, és először benézek az irodába. Az irodából lemegyek a földszintre, és bemegyek a kávézóba. Bo Min is ott lesz, együtt iszunk egy kávét.

Sza Hjan: Szerintem a kávézóból is továbbmész, nem igaz?

Helga: Sajnos, igen. Este fogorvoshoz megyek Jonginba, de előbb még benézek az áruházba. Az áruházból megyek a rendelőbe.

Sza Hjan: Sajnálom. Nagyon nehéz nap lesz, ugye?

Helga: Igen, elég nehéz, de a rendelőből hazamegyek, és pihenek. Holnap pedig otthon maradok, olvasok, filmet nézek.

Sza Hjan: Akkor ma nem találkozunk. Viszlát az egyetemen!

Helga: Szia. Viszlát!

Dzsi Min: Szia. Honnan jössz?

Lili: Szia. Otthonról. És te?

Dzsi Min: Én a könyvtárból jövök.

Lili: És hova mégy?

Dzsi Min: Hazamegyek. És te hova mész?

Lili: A főépületbe, a második emeletre megyek tanulni.

> MÉSZ = MÉGY
> !

헝가리어 처소격 어미

	HOVA?(어디로)	HOL?(어디에)	HONNAN?(어디로부터)
내격:	**-BA/-BE**	**-BAN/BEN**	**-BÓL/BŐL**
	áruházba	áruházban	áruházból
	szobába	szobában	szobából
	bankba	bankban	bankból
	rendelőbe	rendelőben	rendelőből
	épületbe	épületben	épületből
	Jonginba	Jonginban	Jonginból
	Debrecenbe	Debrecenben	Debrecenből
위격:	**-RA/RE**	**-N/-ON/-EN/-ÖN**	**-RÓL/-RŐL**
	postára	postán	postáról
	pályára	pályán	pályáról
	egyetemre	egyetemen	egyetemről
	emeletre	emeleten	emeletről
	Magyarországra	Magyarországon	Magyarországról
	Budapestre	Budapesten	Budapestről
옆격:	**-HOZ/-HEZ/-HÖZ**	**-NÁL/-NÉL**	**-TÓL/-TŐL**
	fodrászhoz	fodrásznál	fodrásztól
	fogorvoshoz	fogorvosnál	fogorvostól
	táblához	táblánál	táblától
	ablakhoz	ablaknál	ablaktól
	ajtóhoz	ajtónál	ajtótól

부사

HOVA?	HOL?	HONNAN?
haza	otthon	otthonról
	itthon	itthonról
otthonra		*hazulról*

Reggel **otthonról** megyek az egyetemre.

Délután az egyetemről **haza**megyek.

Most **itthon** vagyok.
Most az egyetemen vagyok, de holnap **otthon** leszek.

각 단어에 알맞은 격어미를 채워 넣으시오!

pl.

Hova?	Hol?	Honnan?
boltba	boltban	boltból
padra	padon	padról
bejárathoz	bejáratnál	bejárattól

HOVA?	HOL?	HONNAN?
ágy ______	ágy ______	ágy ______
alagsor ______	alagsor ______	alagsor ______
asztal ______	asztal ______	asztal ______
bejárat ______	bejárat ______	bejárat ______
bolt ______	bolt ______	bolt ______
büfé ______	büfé ______	büfé ______
doboz ______	doboz ______	doboz ______
előtér ______	előtér ______	előtér ______
emelet ______	emelet ______	emelet ______
folyosó ______	folyosó ______	folyosó ______
földszint ______	földszint ______	földszint ______
íróasztal ______	íróasztal ______	íróasztal ______
Budapest ______	Budapest ______	Budapest ______

HOVA?	**HOL?**	**HONNAN?**
Szöul ______	Szöul ______	Szöul ______
Szeged ______	Szeged ______	Szeged ______
Buszán ______	Buszán ______	Buszán ______
Debrecen ______	Debrecen ______	Debrecen ______
Pjangcsáng ______	Pjangcsáng ______	Pjangcsáng ______
Pécs ______	Pécs ______	Pécs ______
Korea ______	Korea ______	Korea ______
Magyarország ______	Magyarország ______	Magyarország ______

인칭대명사+처소격어미

	Hova?	Hol?	Honnan?
én	rám	rajtam	rólam
te	rád	rajtad	rólad
ő	rá	rajta	róla
mi	ránk	rajtunk	rólunk
ti	rátok	rajtatok	rólatok
ők	rájuk	rajtuk	róluk

HOVA?	HOL?	HONNAN?
oda	ott	onnan
ide	itt	innen

Honnan jön? (어디로부터 옵니까?)
Hol van most? (지금 어디에 있어요?)
Hova megy? (어디로 갑니까?)

주어진 단어를 사용하여 보기처럼 문장을 만들어 보시오!

pl.

Tokióból jön.
Buszánban van.
Gvángdzsuba megy.

Jongin/Szöul/Bundáng

Budapest/Szeged/Pécs

Korea/Kína/Japán

Németország/Anglia/Magyarország

egyetem/posta/bank

főépület/menza/kollégium

iroda/tanárnő /2. emelet

지시형용사/지시대명사+처소격어미

- Melyik városba utazol? Ebbe?
- Nem, nem ebbe utazom, hanem abba.

- Ebbe az épületbe mész?
- Nem, abba megyek.

EZ + BE = EBBE
AZ + BA = ABBA

- Melyik székre ülsz? Erre?
- Nem, nem erre ülök, hanem arra.

- Erre a buszra szállsz fel?
- Nem, arra szállok fel.

EZ + RE = ERRE
AZ + RA = ARRA

✔ 접근의 의미를 나타내도록 다음 표현을 바꿔쓰시오!

ez a repülőtér ______________________

az az ország ______________________

ez a kollégium ______________________

az a kávézó ______________________

ez az iroda ______________________

ez az óra ______________________

az a város ______________________

ez az épület ____________________

az a vonat ____________________

ez a könyvtár ____________________

ez az étterem ____________________

az a múzeum ____________________

ez az autó ____________________

az a parkoló ____________________

ez a bolt ____________________

주어진 단어들을 사용하여 보기처럼 문장을 만들어 보시오!

pl.

Ő	otthon/pihen	tanterem/tanul	menza/ebédel

Most otthon van és pihen.
Otthonról a tanterembe megy, és a tanteremben tanul.
A tanteremből a menzára megy, és ott ebédel.

MI	papírbolt/vásárol	fodrász/vár	mozi/filmet néz

TI	alagsor/beszélget	földszint/ül	1. emelet/vár

TE	bejárat/áll	előtér/leül	diákszoba/olvas

ÉN	ágy/fekszik	asztal/ír	szék/ül
ŐK	bank/ül, vár	posta/levelet küld	tanárnő/beszélget
TE	otthon/tanul	mozi/filmet néz	otthon/pihen

TI	itt/vár	áruház/vásárol	könyvtár/könyvet olvas
MI	pálya/tollaslabdázik	kávézó/kávét iszik	kollégium/fekszik
ÖN	tó/pingpongozik	étterem/ebédel	otthon/tévét néz

사람들은 어디에 있나요? 무엇을 하나요? 어디에서 어디로 가나요? 거기에서 무엇을 하나요? 짝을 이루어 아래 그림을 보고 파트너와 질문을 하고 그 질문에 답하시오!

위의 정보에 기초하여 여러 인칭들을 보기처럼 사용해 짧은 대화문들을 만들어보시오!
(ÉN, TE, Ő/ÖN, MI, TI, ŐK/ÖNÖK)

Hol vagy most?
A bankban vagyok.

Hova mész a bankból?
A bankból a postára megyek.

Honnan és hova megyek?

Odamegyek az ajtóhoz, és kilépek a lakásból a folyosóra. Jobbra fordulok, egy kicsit egyenesen megyek, aztán a saroknál balra fordulok. Odamegyek a lifthez. Beszállok a liftbe, és lemegyek az ötödik emeletről a földszintre. Kiszállok a liftből, és egyenesen megyek a kijárathoz. Kilépek a kapun, balra fordulok, és lemegyek a rövid lépcsőn. A parkoló ott van az épület előtt. Odamegyek az autóhoz, és beszállok. Hamar odaérek az iskolához. Kiszállok az autóból, és felmegyek a parkolóból az épülethez. Belépek az épületbe, átmegyek az előtéren a lifthez. Beszállok a liftbe, és felmegyek a harmadik emeletre. Ott van az iroda. Kiszállok a liftből, jobbra fordulok, bemegyek az ajtón. Az asztalhoz megyek, és leülök a székre.

IGEKÖTŐK (동사전철)

동사전철은 동사 앞에 붙어 동사에 의미를 추가시키거나 동사의 의미를 변화시킨다.

BE-/KI-	bemegy a szobába	kimegy az épületből
	beszáll a liftbe	kiszáll a liftből
	beül az autóba	kiül a kertbe
FEL-/LE	felmegy az emeletre	lemegy a földszintre
	felszáll a buszra	leszáll a buszról
	feláll a székről	leül a székre
ÁT-	átmegy az utcán, átszáll a metróra, átlép a küszöbön	
IDE-/ODA-	idejön az asztalhoz	odamegy az ajtóhoz
	idelép a táblához	odalép az ablakhoz
VISSZA-	visszamegy a lakásba, visszajön a tanterembe	
EL-	elmegy a boltba, elmegy a fodrászhoz, elmegy Pécsre	

János most reggelizik. (야노쉬는 지금 아침을 먹고 있다.)
János megreggelizik, utána megy az iskolába. (야노쉬는 아침을 다먹고 학교에 간다.)

egyenesen megy

jobbra/balra fordul

Egyenesen megyek a folyosón, aztán jobbra fordulok.
Kilépek a liftből, és balra fordulok.

주어진 단어들을 사용하여 보기처럼 문장들을 만들어 보시오!

pl.

ők	elmegy	Budapest
(Ők)	Elmennek Budapestre.	

mi	bemegy	könyvtár
ti	átmegy	kollégium
te	kimegy	iroda

ők	belép	szoba
ők	belép	szoba
Ön	odamegy	tanár
ti	idejön	focipálya
Hanna	elmegy	fodrász
te	leszáll	busz
mi	visszamegy	otthon

전철동사가 있는 문장의 어순

	(Ők) Elmennek Budapestre?
⊕ Igen,	(ők) elmennek Budapestre.
⊖ Nem,	(ők) **nem mennek el** Budapestre.

✓ 전철동사를 사용하여 보기처럼 질문과 답을 만들어 보시오!

______________________________ ?

⊕ ______________________________

⊖ ______________________________

______________________________ ?

⊕ ______________________________

⊖ ______________________________

______________________________ ?

⊕ ______________________________

⊖ ______________________________

______________________________ ?

⊕ ______________________________

⊖ ______________________________

MEG-(행위의 완료를 나타낼 때 사용되는 전철)

megbüntet
megfázik
megfésülködik
megfordul
megfürdik
meghív
megtanul
meghallgat

megvacsorázik
megváltozik
megvesz
megvizsgál
megnősül
megkeres
megismer
megbeszél
stb.

전철 meg는 주로 행위의 완료를 나타내지만 기타 다양한 다른 의미를 나타내기도 한다.

집에서 어떻게 시장으로 갈 건지 계획을 세워보시오!

Lili: Szia, Bo Min! Mit csinálsz holnap?

Bo Min: Szia! Helgával találkozom.

Lili: Hol találkoztok? Mit csináltok?

Bo Min: A kollégium előtt találkozunk, aztán elmegyünk vásárolni.

Lili: Mivel mentek? Kocsival?

Bo Min: Nem, busszal.

Lili: Hányas busszal mentek?

Bo Min: A hatvanassal. Miért?

Lili: Sza Hjannal mi is vásárolni megyünk holnap, de nem busszal, hanem kocsival. Nem jöttök velünk?

Bo Min: Tudod, mit? Beszélek Helgával, és megkérdezem.

Bo Min: Szia, Helga! Itt vagyok Lilivel a kávézóban. Holnap ők is vásárolni mennek Sza Hjannal. De nem busszal mennek, hanem kocsival. Nem megyünk velük?

Helga: De! Nagyon jó ötlet! Vásárlás után nem vacsorázunk velük? Ezer éve nem találkoztam Lilivel.

Bo Min: De, benne vagyok! Holnap találkozunk!

Bo Min: Lili! Akkor holnap mi is elmegyünk veletek, rendben? És este nem vacsoráztok velünk?

Lili: De, az klassz lenne!

공동격/도구격 어미 -val/-vel

KIVEL? MIVEL?

autóval	villamossal	busszal
Katival	tanárral	kalapáccsal
tanárnővel	székkel	rizzsel
biciklivel	emberrel	fénnyel
villával	Hjan Hóval	ez + vel = *ezzel/evvel*
lámpával	Szu Minnal	az + val = *azzal/avval*
zenével	Ün Csével	
mesével	Sza Janggal	

알맞은 격조사를 써 넣으시오!

Kivel?	**Mivel?**
Kovács István______	ceruza______
Kádár Adél______	kabát______
Szabó László______	kávé______
Bede Kata______	kép______
Horváth Erzsébet______	könyv______
tanár______	lámpa______
orvos______	leves______
fodrász______	naptár______
tanuló______	nyomtató______
titkárnő______	papír______
szerelő______	pizza______

Min Dzsun: Te mit kérsz?
Helga: Egy kávét kérek.
Min Dzsun: Mivel kéred a kávét? Cukorral? Tejjel? Tejszínnel? Esetleg tejhabbal?
Helga: Általában cukorral és tejszínnel iszom, de most inkább simán. És te mit kérsz?
Min Dzsun: Én egy zöld teát kérek.
Helga: Cukorral?
Min Dzsun: Á, dehogy! Cukor nélkül, simán.

다음 질문에 주어진 단어를 사용하여 답하시오!

1. Kivel találkozik Bo Min?

______________________________ (fodrász)

2. Mivel mész az egyetemre?

______________________________ (busz)

3. Kivel ebédeltek?

______________________________ (Dzsun Sza)

4. Kivel beszélgetnek a lányok?

______________________________ (tanár)

5. Mivel játszanak a fiúk?

______________________________ (labda)

6. Kivel vacsorázol ma?

____ (testvérem)

7. Mivel mész haza?

____ (villamos)

8. Mivel kéred a húst?

____ (rizs)

9. Kivel szórakoztok általában?

____ (barátaink)

10. Kivel laksz a kollégiumban?

____ (egy kínai lány)

☑ 인칭대명사 + -val/-vel

én	velem
te	veled
ő	vele
Ön	Önnel
mi	velünk
ti	veletek
ők	velük
Önök	Önökkel

주어진 단어를 사용하여 문장들을 만드시오!

1. Dzsi Min, Sza Hjan, beszélget

Dzsi Min beszélget Sza Hjannal.

---

2. én, autóbusz, megy, Szöul

---

3. Lili, én, ebédel, menza

---

4. mi, ti, megy, mozi

---

5. ő, cukor, kér, kávé

6. mi, ők, beszélget

7. Min Szu, magyar fiú, lakik, kollégium

8. tanár, autó, jön, egyetem

9. ki, vacsorázik, ti

10. mi, játszik, ők

지시형용사/지시대명사 + -val/-vel

- Kivel mész moziba? Ezzel a lánnyal?
- Nem, hanem azzal a lánnyal

- Mivel eszed a levest? Evvel a kanállal?
- Nem, inkább avval.

EZ + VEL = EZZEL/EVVEL
AZ + VAL = AZZAL/AVVAL

val/vel을 알맞은 형태로 써 넣으시오!

ez a tanár ______

az az orvos ______

ez a fodrász ______

az a tanuló ______

ez a titkárnő ______

az a szerelő ______

ez a magyar diák ______

az a koreai ember ______

ez a kínai lány ______

az a japán férfi ______

ez a lámpa ______

az a nyomtató ______

ez a papír ______

az a radír ______

ez a számítógép ______

az az autóbusz ______

ez a toll ______

az a metró ______

ez a repülő ______

az a vonat ______

ez a villamos ______

연습 문제

다음 문장들을 완성하시오!

1.Kovács István (　　)lép az ablakhoz.

① be-　② ki-　③ le-　④ oda-

2. (　　)megyünk az utcán.

① át-　② be-　③ ki-　④ el-

3. (　　)mennek a hegyre.

① Le-　② Fel-　③ Be-　④ Ide-

4. (　　)jöttök az asztalhoz?

① Ide-　② Oda-　③ Fel-　④ El-

5. (　　)jönnek az egyetemről.

① Vissza-　② Be-　③ Ki-　④ Oda-

6. (　　)jössz ide?

① Oda-　② Ide-　③ Velem-　④ Át-

7. Cerzával írok, nem (　).

① tollval　② tollal　③ tollat　④ tolllal

8. Te is jössz (　)?

① velek　② énnel　③ valam　④ velem

9. Ez( ) az autóval megyünk Debrecenbe.

① -vel ② -zel ③ -zal ④ -ben

10. Ez( ) az egyetemen találkozom Péterrel.

① -t ② -on ③ -en ④ -zel

SZÓSZEDET 어휘

Főnevek(명사)

fogorvos
levél
mozi
pénz
piac
rendelő
sarok
futás
golf

Igék(동사)

átmegy
benéz
beszáll
elindul
felad
felszáll
fordul
kilép
kiszáll
leszáll
marad
odamegy
továbbmegy

Melléknevek(형용사)

nehéz

Más szófajok(기타 품사)

egyenesen
ide
innen
itthon
oda
onnan
otthon
tényleg

Kifejezések(관용적인표현들)

Sajnálom!

9. lecke

MIT CSINÁLSZ REGGELTŐL ESTIG?
너는 아침부터 저녁까지 뭐하니?

학습목표

- 요일, 날짜, 시간 표현하기
- 동사의 2변화 익히기
- 날씨 관련 표현 익히기

도입 질문

1. 요일, 날짜, 시간을 헝가리어로 어떻게 표현할까요?
2. 동사의 2변화란 무엇인가요?
3. 형용사를 부사로 어떻게 만들 수 있나요?
4. 헝가리어로 여러 가지 날씨를 어떻게 표현하나요?

NAPIREND 일과
MIT CSINÁLSZ REGGELTŐL ESTIG? 너는 아침부터 저녁까지 뭐하니?

Soma hétköznap általában nyolc órakor kel fel. Kimegy a fürdőszobába, és arcot mos. Azután a konyhába megy, csinál egy teát. Reggel mindig fekete teát iszik. Leül a számítógéphez, teát iszik, és híreket olvas. Fél kilenckor reggelizik. Néha szendvicset készít, de általában gabonapelyhet eszik. A gabonapehely finom és egészséges. Reggeli után fogat mos, és felöltözik. Kilenc órakor indul el otthonról, és negyed tízkor érkezik meg az egyetemre. Fél tíztől tizenkettőig a tanteremben tanít. Az első óra fél tízkor kezdődik. Délben átmegy a menzára, és ebédel. Néha csak egy órakor megy el ebédelni. Ebéd után fél háromig dolgozik. Az utolsó óra fél háromkor fejeződik be. Munka után kedden és csütörtökön elmegy a focipályára vagy az edzőterembe. Három órától fél ötig sportol. Néha fut vagy biciklizik, néha pedig focizik. Sportolás után hazamegy, utána zuhanyozik. Otthon még dolgozik egy kicsit, aztán hét órakor vacsorázik. Főz, vagy ételt rendel egy étteremből. Este könyvet olvas vagy filmet néz. Általában tizenegy órakor fekszik le, de néha csak éjfélkor kerül ágyba. Éjféltől reggel nyolcig alszik.

MILYEN NAP ...? (무슨 요일입니까?)

Milyen nap van ma?
Ma hétfő van.

Milyen nap lesz holnap?
Holnap kedd lesz

Milyen nap lesz holnapután?
Holnapután szerda lesz.

MA
HOLNAP
HOLNAPUTÁN

요일

hétfő kedd szerda csütörtök péntek	**HÉTKÖZNAP(OK)**
szombat vasárnap	**HÉTVÉGE**

HÁNYADIKA ...? (며칠입니까?)

Hányadika van ma?	02. 01. február *elseje*
Ma február huszonhatodika van.	02. 02. február *második*a
	02. 03. február harmadika
Hányadika lesz holnap?	02. 04. február negyedike
Holnap február huszonhetedike lesz.	02. 05. február ötödike

Hányadika lesz holnapután?

Holnapután február huszonnyolcadika lesz.

ÖT**ÖDIKE**
HAT**ODIKA**
HET**EDIKE**

아래 달력을 참고하여 요일과 날짜를 묻고 답하시오!

NAPTÁR 2021

Január

Hé	Ke	Sz	Cs	Pé	Sz	Va
				1	2	3
4	5	6	7	8	9	10
11	12	13	14	15	16	17
18	19	20	21	22	23	24
25	26	27	27	29	30	31

Február

Hé	Ke	Sz	Cs	Pé	Sz	Va
1	2	3	4	5	6	7
8	9	10	11	12	13	14
15	16	17	18	19	20	21
22	23	24	25	26	27	28

Március

Hé	Ke	Sz	Cs	Pé	Sz	Va
1	2	3	4	5	6	7
8	9	10	11	12	13	14
15	16	17	18	19	20	21
22	23	24	25	26	27	28
29	30	31				

Április

Hé	Ke	Sz	Cs	Pé	Sz	Va
			1	2	3	4
5	6	7	8	9	10	11
12	13	14	15	16	17	18
19	20	21	22	23	24	25
26	27	28	28	30		

Május

Hé	Ke	Sz	Cs	Pé	Sz	Va
					1	2
3	4	5	6	7	8	9
10	11	12	13	14	15	16
17	18	19	20	21	22	23
24/31	25	26	27	28	29	30

Június

Hé	Ke	Sz	Cs	Pé	Sz	Va
	1	2	3	4	5	6
7	8	9	10	11	12	13
14	15	16	17	18	19	20
21	22	23	24	25	26	27
28	29	30				

Július

Hé	Ke	Sz	Cs	Pé	Sz	Va
			1	2	3	4
5	6	7	8	9	10	11
12	13	14	15	16	17	18
19	20	21	22	23	24	25
26	27	28	29	30	31	

Augusztus

Hé	Ke	Sz	Cs	Pé	Sz	Va
						1
2	3	4	5	6	7	8
9	10	11	12	13	14	15
16	17	18	19	20	21	22
23/30	24/31	25	26	27	28	29

Szeptember

Hé	Ke	Sz	Cs	Pé	Sz	Va
		1	2	3	4	5
6	7	8	9	10	11	12
13	14	15	16	17	18	19
20	21	22	23	24	25	26
27	28	29	30			

Oktober

Hé	Ke	Sz	Cs	Pé	Sz	Va
				1	2	3
4	5	6	7	8	9	10
11	12	13	14	15	16	17
18	19	20	21	22	23	24
25	26	27	27	29	30	31

November

Hé	Ke	Sz	Cs	Pé	Sz	Va
1	2	3	4	5	6	7
8	9	10	11	12	13	14
15	16	17	18	19	20	21
22	23	24	25	26	27	28
29	30					

December

Hé	Ke	Sz	Cs	Pé	Sz	Va
		1	2	3	4	5
6	7	8	9	10	11	12
13	14	15	16	17	18	19
20	21	22	23	24	25	26
27	28	29	30	31		

HÁNY ÓRA VAN?

8:00 nyolc óra van **ÓRA**

8:10 nyolc óra tíz perc van **PERC**

8:15 nyolc óra tizenöt perc van

8:20 nyolc óra húsz perc van

6:15 negyed hét van

6:30 fél hét van **~~ÓRA~~**

6:45 háromnegyed hét van

8:00	reggel nyolc óra van
20:00	este nyolc óra van
11:00	délelőtt tizenegy óra van
23:00	éjjel/éjszaka tizenegy óra van
15:00	délután három óra van
03:00	hajnali három óra van
12:00	dél van
00:00	éjfél van

reggel
délelőtt
dél
délután
este
éjjel/éjszaka
éjfél
hajnal

napközben

몇 시인가요?

7:15

9:30

10:45

11:00

11:15

12:00

MIKOR?

hétfő**n**	
kedd**en**	
szerd**án**	*HÉTKÖZNAP*
csütörtök**ön**	
péntek**en**	
szombat**on**	HÉTVÉG**ÉN**
vasárnap	

HÁNYADIKÁN?

*elsej***én**
*második***án**
harmadik**án**
negyedik**én**
ötödik**én**

HÁNY ÓRAKOR?

8:00	nyolc órakor (nyolckor)
8:10	nyolc óra tíz perckor
8:15	nyolc óra tizenöt perckor
8:20	nyolc óra húsz perckor
6:15	negyed hétkor
6:30	fél hétkor
6:45	háromnegyed hétkor
12:00	*délben*
00:00	éjfélkor

몇 시에? 언제?

7:15

9:30

10:45

11:00

11:15

12:00

다음 질문들에 헝가리어로 답하시오! 그리고 다른 질문들을 만들고 그 질문들에 답해 보시오!

1. Hány órakor kel fel Soma hétköznap?

2. Mikor iszik fekete teát?

3. Hány órakor reggelizik?

4.

5.

6.

7.

8.

HÁNY ÓRÁTÓL? HÁNY ÓRÁIG?
METTŐL? MEDDIG?

9:00-10:00	kilenc órától tíz óráig (kilenctől tízig)	
11:30-12:00	fél tizenkettőtől tizenkettőig/délig	-TÓL/TŐL
17:00-18:45	öt órától háromnegyed hétig (öttől ...)	-IG
23:00-00:00	tizenegy órától éjfélig (tizenegytől ...)	

* 실제 대화에서는 óra를 생략하고 괄호 안의 형식으로 더 많이 사용한다.

✔ 위의 정보를 참고한 후 mettől, meddig를 사용하여 질문을 만든 후 그 질문에 답하시오!

1. ______________________________

____

2. ______________________________

____

3. ______________________________

____

✅ 주중에 아침부터 저녁까지 무엇을 하나요? 일과표를 작성한 후 서로 질문을 해 보시오!

felébred	megérkezik	tévét néz
felkel	dolgozik/tanul	újságot/könyvet olvas
kimegy	ebédel	számítógépezik
arcot/kezet/fogat mos	ebédszünet	zuhanyozik/fürdik
reggelizik	sportol	(tusolás)
felöltözik	kávézik	lefekszik
elindul	hazamegy	alszik

* 회화에서는 számítógépezik을 줄여 gépezik으로 사용하기도 한다.

pl.

Hétköznap általában hat órakor ébredek fel.

Hétköznap általában hány órakor ébredsz fel?
▶ Hat órakor ébredek fel.

✔ 이번 학기에 수강하는 과목명을 헝가리어로 적어 넣으시오!

HÉTFŐ	KEDD	SZERDA	CSÜTÖRTÖK	PÉNTEK

과목명:

beszédgyakorlat

fordítás

szöveghallgatás

irodalom

történelem

országismeret

NYITVATARTÁS

MOM'S TOUCH		SAVEMART	BANK
hétfő	9:30-18:30	9:00-22:30	8:00-16:30
kedd	9:30-18:30	9:00-22:30	8:00-16:30
szerda	9:30-18:30	9:30-23:00	8:00-16:30
csütörtök	10:00-19:00	9:30-23:00	8:30-16:00
péntek	10:00-19:45	9:30-23:00	8:30-16:00
szombat	zárva	9:30-23:30	zárva
vasárnap	zárva	10:30-21:00	zárva

Mikor van nyitva a ...?

Mikor van zárva a ...?

Hány órától, hány óráig van nyitva a ...?

Mettől, meddig van nyitva a ...?

Mikor nyit a ...?

Mikor zár a ...?

pl.

- Mikor van nyitva a MOM'S TOUCH hétfőn?
- Reggel fél tíz órától este fél hét óráig van nyitva a MOM'S TOUCH hétfőn.

Nóra: A hétvégén kirándulni akarunk a hegyekben. Nincs kedved jönni?

Bo Min: Hm ... Nem is tudom. Van kedvem kirándulni, de elég sok dolgom van. Mikor akartok indulni?

Nóra: Holnap reggel nyolckor.

Bo Min: És mikor akartok visszajönni?

Nóra: Holnap autóval el akarunk menni a Szarák hegyhez, aztán délután fel akarunk mászni a hegyre. Este egy kis motelben alszunk, vasárnap reggel még sétálunk egy nagyot, és délben akarunk visszaindulni.

Bo Min: Mit akartok még csinálni ott?

Nóra: Van ott egy híres buddhista templom, azt is meg akarjuk nézni. És este nyers halat akarunk enni.

Bo Min: Jó kis program! Kár, hogy elfoglalt vagyok.

Nóra: Bo Min, nem tudod, milyen lesz az idő holnap?

Bo Min: Nem, de egy pillanat ... az időjárás-jelentés szerint jó idő lesz. Napsütés lesz, nem esik az eső, és körülbelül huszonegy, huszonkét fok lesz.

Nóra: Szuper! Köszi! Tökéletes kirándulóidő lesz, bár az időjárás gyorsan változik! Ha akarsz jönni, csak telefonálj!

Bo Min: Oké, meglátom.

- Mit akarsz csinálni délután?
- Vásárolni akarok. És te?
- Én sportolni akarok az edzőteremben. Hol akarsz vásárolni?
- Be akarok menni a városba, ott akarok vásárolni.

	HATÁROZATLAN(1변화)	HATÁROZOTT(2변화)
én	akarok	akarom
te	akarsz	akarod
ő/Ön	akar	akarja
mi	akarunk	akarjuk
ti	akartok	akarjátok
ők/Önök	akarnak	akarják

주어진 단어들을 사용하여 문장을 만드시오! 그리고 보기와 같이 질문하고 답하시오!

pl.

ő, átmegy, könyvtár
(Ő) Át akar menni a könyvtárba.
Mikor akar átmenni a könyvtárba?
Délben akar átmenni a könyvtárba.

1. mi, felmegy, hegy

______________________________ .

______________________________ ?

______________________________ .

2. ők, biciklizik, park

____.

____?

____.

3. ti, megkóstol, a nyers hal

____.

____?

____.

4. én, megtanul, koreaiul

____.

____?

____.

5. te, felkel, nyolc óra

____.

____?

____.

6. ők, találkozik, étterem előtt

.

?

.

7. Ön, elutazik, Magyarország

.

?

.

8. ő, dolgozik, koreai cég

.

?

.

9. mi, este, megnéz, az új koreai film

.

?

.

10. ti, beszáll, a lift

____.

____?

____.

MILYEN IDŐ VAN MA? 오늘 날씨가 어떤가요?

Süt a nap.	Napos idő van.
Esik az eső.	Esős idő van.
Fúj a szél.	Szeles idő van.
Esik a hó./Havazik.	
Vihar van.	Viharos idő van.
Felhős az ég.	Felhős/borult idő van.
Köd van.	
Szmog van.	
Meleg van.	
Kánikula van.	
Hideg van.	
Fagy (van).	Fagyos idő van.
Plusz három fok van.	$+3C^{\circ}$
Mínusz három fok van.	$-3C^{\circ}$
tájfun	
monszun	esős évszak
jég/jeges	
hőmérséklet	

한국과 헝가리의 날씨는 어떤가요?

TÉLEN

TAVASSZAL

NYÁRON

ŐSSZEL

✅ 헝가리 기상청(www.met.hu) 사이트를 방문하여 오늘 헝가리의 날씨가 어떤지 말해 보시오!

✅ 위의 헝가리 기상청 사이트를 통해 부다페스트, 데브레첸, 피치, 세게드, 미쉬콜츠의 오늘 날씨를 말해 보시오!

HOGYAN?

Ma erősen fúj a szél, a felhők gyorsan mennek az égen.
A nap magasan van, és szépen süt.
A nap ma gyengén süt, ezért hideg van.

erős	erős**en**	
gyors	gyors**an**	
magas	magas**an**	**-AN/-EN**
szép	szép**en**	
gyenge	gyeng**én**	
DE:	jó**l**	
	rossz**ul**	
	angol**ul**	

✔ 다음 형용사의 부사형을 쓰시오!

nagy ______	magas ______
szép ______	alacsony ______
jó ______	nehéz ______
beteg ______	könnyű ______
egészséges ______	boldog ______
gyors ______	kellemes ______
lassú ______	kellemetlen ______
hosszú ______	türelmes ______
rövid ______	türelmetlen ______
rossz ______	szorgalmas ______
csúnya ______	lusta ______

다음 문장들을 완성하시오! 그리고 주어진 단어를 사용하여 문장을 만드시오!

1. A hal csak ______________ (friss) jó.

2. Az öcsém nagyon ______________ (gyors) tud futni.

3. Sajnos nagyon ______________ (csúnya) írok.

4. Nem ______________ (jó) beszélek ______________ (német).

5. A barátnőm ______________ (könnyű) tanul.

6. A diákok nagyon ______________ (halk) beszélnek.

7. Az igazgató azonban ______________ (hangos) beszél.

8. Munka után ______________ (fáradt) érkezik haza.

9. Szabó László mindig ______________ (udvarias) beszél a barátaival.

10. ______________ (türelmetlen) várjuk a szünetet.

11. ____. (boldog)

12. ____. (jókedvű)

13. ____. (nyugodt)

14. ____. (édes)

15. ____. (szorgalmas)

얼마나 자주?

다음 시간 부사어들을 순서대로 나열해 보시오!

mindig, soha, néha, gyakran, sokszor, általában, olykor, ritkán, rendszerint

__________, __________, __________, __________, __________, __________,

__________, __________, soha

Milyen gyakran ...?

nap**onta**
het**ente**
hav**onta**
év**ente**/év**enként**
órá**nként**
perc**enként**

Hányszor ...?

egy**szer**
két**szer**
három**szor**
négy**szer**
öt**ször**
hat**szor**

- Milyen gyakran sportolsz?
- Általában hetente háromszor, néha hetente négyszer.

보기처럼 시간 부사어를 사용하여 일과와 관련한 문장들을 만들어 보시오! 그리고 파트너와 묻고 답하시오!

pl.

Milyen gyakran nézel filmeket?
Hétvégén gyakran nézek filmeket, de ritkán járok moziba.
Havonta egyszer megyek moziba.

	ÉN	PARTNER
könyvet olvas		
sportol		
focizik		
tollaslabdázik		
barátokkal találkozik		
beszélget		
tanul		
kirándul		
tévét néz		
étteremben ebédel		

✔ 알게 된 사실을 보기처럼 정리해 보시오!

pl.

Ő naponta egyszer iszik kávét, én pedig naponta kétszer.
Ő gyakran sportol, én viszont elég ritkán.

연습 문제

의미가 통하도록 다음 문장을 완성하시오!

1. ( ) nap van ma?

① Mit ② Mivel ③ Milyen ④ Miben

2. ( ) van ma?

① Hol ② Hány ③ Mit ④ Hányadika

3. Csütörtök( ) indulok Magyarországra.

① -vel ② -en ③ -et ④ -ön

4. ( ) órakor indulsz az iskolába?

① Hány ② Milyen ③ Mit ④ Hol

5. Kilenctől tíz( ) van a magyaróra.

① -óra ② -et ③ -től ④ -ig

6. Mikor van nyit( ) a bank?

① -va ② -ve ③ -be ④ -ba

7. ( ) gyakran nézel filmeket?

① Mit ② Milyen ③ Melyik ④ Mi

SZÓSZEDET 어휘

Főnevek(명사)

április
augusztus
beszédgyakorlat
csütörtök
december
dél
délelőtt
délután
edzőterem
éjjel
éjszaka
este
február
fordítás
gabonapehely
hajnal
hétfő
hír(ek)
irodalom
január
július
június
kedd
kirándulás
május
március
november
október
országismeret
reggel
só
szeptember
szerda
szöveghallgatás
történelem

Igék(동사)

(el)kezdődik
alszik
arcot/kezet/fogat mos
befejeződik
biciklizik
dolgozik/tanul
ebédel
elindul
felébred
felkel
felöltözik
hazamegy
kávézik
kerül
készít
kimegy
lefekszik
megérkezik
reggelizik
rendel

sportol
számítógépezik
tévét néz
vacsorázik
zuhanyozik
fürdik

☑ Melléknevek(형용사)

egészséges
egészségtelen
finom

☑ Más szófajok(기타 품사)

hétköznap
általában
után
előtt
néha
természetesen

MEMO

10. lecke

CSALÁD - KINEK VAN IGAZA?

가족 – 누구 말이 맞나요?

학습목표

- 소유인칭어미 익히기
- 가족관계 관련 어휘 익히기
- 신체부위 명칭 익히기

도입 질문

1. 가족들을 헝가리어로 소개할 수 있나요?
2. 헝가리어로 소유관계는 어떻게 나타내나요?
3. 가족 관련 헝가리어 어휘를 얼마나 알고 있나요?
4. 신체 각 부위의 헝가리어 어휘를 얼마나 알고 있나요?

CSALÁD - KINEK VAN IGAZA? 가족 – 누구 말이 맞나요?

Hatan vagyunk a családomban. Az anyám, az apám, a bátyám, a húgom, a nővérem és én. A nevem Sze Hjan, húsz éves vagyok és a Hankuk Egyetemen tanulok magyarul. Az anyám negyvennyolc éves, az apám pedig ötvenegy. Az anyám foglalkozása: tanárnő. Egy általános iskolában tanít. Az apám egy gyárban dolgozik, ő mérnök. A szüleim nagyon kedves, szorgalmas emberek. Az anyám jól főz, az apám pedig ért az autókhoz és gépekhez. A szüleim Szöulban élnek, a lakásunk Gángnámban van. Én most kollégiumban lakom, mert az egyetem messze van Szöultól. A bátyám harmincéves, már nős. A felesége huszonkilenc éves, háziasszony. Ők nem Szöulban élnek, hanem Bundángban, de az elég közel van a szüleim lakásához, ezért gyakran találkozunk. Még nincs gyerekük, de júniusban megszületik az unokahúgom. A nővérem huszonegy éves, ő is egyetemista, de nem a Hankuk Egyetemen tanul, hanem Szöulban. A húgom fiatal, még csak tizenöt éves, ő gimnáziumba jár. Az anyai nagyszüleim messze, Buszánban élnek, az apai nagyszüleim viszont közel, Szöulban. Az ő lakásuk öt percre van a mi lakásunktól.

az én	autóm	kefém	kendőm	*-m*
a te	autód	keféd	kendőd	*-d*
az ő/Ön	autója	keféje	kendője	*-ja/-je*
a mi	autónk	kefénk	kendőnk	*-nk*
a ti	autótok	kefétek	kendőtök	*-tok/-tek/-tök*
az ő	**autójuk**	**keféjük**	**kendőjük**	***-juk/-jük***
az Önök	autója	keféje	kendője	*-ja/-je*

az én	házam	lakásom	kertem	-am/-om/-em/-öm
a te	házad	lakásod	kerted	-ad/-od/-ed/-öd
az ő/Ön	háza	lakása	kertje	-a/-ja/-e/-je
a mi	házunk	lakásunk	kertünk	*-unk/-ünk*
a ti	házatok	lakásotok	kertetek	*-atok/-otok/-etek/-ötök*
az ő	**házuk**	**lakásuk**	**kertjük**	***-uk/-juk/-ük/-jük***
az Önök	háza	lakása	kertje	*-a/-ja/-e/-je*

다음 어휘에 소유인칭어미를 붙이시오!

	én	te	ő/Ön	mi	ti	ő (~~ők~~)	Önök
ágy							
blúz							
kabát							
könyv							
fürdőszoba							
doboz							
ceruza							
füzet							
kávé							

	én	te	ő/Ön	mi	ti	ő (~~ők~~)	Önök
pizza							
szendvics							
étel							
ital							
nadrág							
papír							
polc							
radír							
szoknya							
táska							
telefon							
toll							
tolltartó							
szekrény							
szoba							

소유구문: 소유자-nak/-nek + 존재동사 van + 소유물-소유인칭어미

- Kinek van telefonja?
- A diáknak van telefonja.

Kinek van ______ ?

A ______ van ______ .

nagy ágy	tanár
kék blúz	fodrász
fekete kabát	egyetemista
könyv	apa
piros ceruza	orvosok
kis füzet	fodrászok
sonkás szendvics	titkárnő
divatos nadrág	szerelők

☑ 인칭대명사의 여격 (-nak/-nek)

- Kinek van telefonja?
- Nekem van telefonom.

- Kinek van telefonja?
- Neked van telefonod.

인칭대명사의 여격 (-nak/-nek)	
én	nekem
te	neked
ő	neki
Ön	Önnek
mi	nekünk
ti	nektek
ők	nekik
Önök	Önöknek

Kinek van ________?

________ van ________.

nagy szoba	(én)
új számítógép	(te)
kényelmes szék	(ő)
barna pulóver	(Ön)
jó barát	(te)
menő bicikli	(mi)
jó tanár	(ti)
szép barátnő	(ők)
kényelmes autó	(Önök)

- Kinek van nagy szobája? - Nekem van nagy szobám.

NÉHÁNY ÁLLAT:

- Kinek van kutyája?
- Máriának van kutyája.
- Nekem is van kutyám.

kutya	fecske
cica/macska	liba
mókus	marha
tengerimalac	medve
aranyhörcsög	pulyka
papagáj	sertés
teknős	tyúk
disznó	zsiráf

- Milyen a telefonod?
- A telefonom új. Milyen a *te* telefonod?
- Az *én* telefonom is új.

- Hol van a telefonotok?
- A telefonunk az asztalon van. Hol van a *ti* telefonotok?
- A *mi* telefonunk a táskában van.

- Milyen a tanár telefonja?
- A tanár telefonja új.

- Milyen az orvosok ruhája?
- Az orvosok ruhája fehér.

다음 단어들을 사용하여 위의 보기와 유사한 질문들을 만들고 또 그 질문들에 답하시오!

ágy	tanár
blúz	fodrász
kabát	egyetemista
könyv	apa
ceruza	orvosok
füzet	fodrászok
szendvics	titkárnő
nadrág	szerelők
papír	Min Dzsun
polc	Zsombor
radír	Sza Hjan
szoknya	anya
táska	nagyanya
telefon	én
toll	te
tolltartó	ő
nagyszoba	Ön
számítógép	te
szék	mi
pulóver	ti
barát	ők
bicikli	Önök

- Milyen az ágy?

- Hol van a tanárotok?

- Milyen a fodrász blúza?

Családtagok (rokonok) 가족(친척)

anya	férj	szülők
apa	feleség	nagyszülők
nagyanya/nagymama	anyós	
nagyapa/nagypapa	após	
testvér	sógornő	
nővér	sógor	
húg	meny	
báty	vő(veje)	
öcs	anyuka	
gyerek/gyermek	apuka	
fiú	édesapa	
lány	édesanya	
unoka		
nagybácsi	baba	
nagynéni		
unokatestvér		
unokahúg		
unokaöcs		

az én	anyám	apám	bátyám	öcsém
a te	anyád	apád	bátyád	öcséd
az ő/Ön	anyja	apja	bátyja	öccse
a mi	anyánk	apánk	bátyánk	öcsénk
a ti	anyátok	apátok	bátyátok	öcsétek
az ő (~~ők~~)	anyjuk	apjuk	bátyjuk	öccsük
az Önök	anyja	apja	bátyja	öccse

✅ 소유관계를 나타낼 때 일반적으로는 인칭대명사를 쓰지 않으나 강조할 때는 인칭대명사를 넣어 사용한다.

- Hány testvéred van?
- Kettő. Egy bátyám és egy húgom. És neked?
- Nekem csak egy. Egy öcsém.

- Hány ______________ van?

- ______________________________. És neked?

- Nekem ______________________.

자신의 가족을 소개해 보시오!

	APA	ANYA	ÖCS	BÁTY	HÚG
NÉV					
KOR					
FOGLALKOZÁS					
MUNKAHELY					
CÍM					
NEMZETISÉG					
CSALÁDI ÁLLAPOT					

AZ OTTHONUNK 우리집

Az otthonunk ...

közel van vmihez
A lakás közel van a metróhoz.

messze van vmitől
Az áruház messze van a lakástól.

- Kinek veszel virágot? Ennek a lánynak?
- Nem, hanem annak a lánynak.

- Kinek van új telefonja? Ennek a diáknak?
- Nem, hanem annak.

EZ + NEK = ENNEK
AZ + NAK = ANNAK

✔ nak/nek을 사용하여 알맞은 형태로 쓰시오!

ez az orvos ______________________

az a tanárnő ______________________

ez a fiú ______________________

azok a lányok ______________________

ezek a diákok ______________________

az a fodrász ______________________

ez az ember ______________________

az a tanárnő ______________________

ezek a zenészek ______________________

az az énekes ______________________

KINEK A ...? KIÉ?

Min Dzsun: Kinek a telefonja ez itt, az asztalon?
Csenge: Nem tudom. Szerinted kié?
Min Dzsun: Én sem tudom, de talán Dzsun Sza telefonja az. Neki van ilyen szép, új telója.
Csenge: Igen, talán tényleg Dzsun Száé. De neki nem iPhone-ja van?
Min Dzsun: Igazad van, az ő telefonja iPhone, ez pedig Samsung.
Csenge: Akkor talán Lilié, neki is új a telefonja.
Min Dzsun: Igen, talán Lili telója. Egy biztos: nem az enyém! Az én telefonom régi és csúnya. Hahaha ...
Csenge: Akkor nem a mi telefonunk, mert az enyém is régi. Hahaha ...

소유어미 é (Kié: 누구의 것)

Kinek a könyve ez? = Kié ez a könyv?
Ez a tanár(nak a) könyve.
Ez a könyv a tanáré.

IGAZA VAN

Csengének igaza van.
Szerintem nekem van igazam, nem neki.

아래 질문들에 답하시오!

1. Kinek a tolla ez?

____________________ (tanár)

2. Minek a fővárosa Budapest?

____________________ (Magyarország)

3. Kinek a kávéja van az asztalon?

____ (Hjan Szu)

4. Kinek a lakása van Szöulban?

____ (barátom)

5. Minek van két kereke?

____ (bicikli)

6. Kinek az autója áll ott?

____ (orvos)

7. Kié az a kulcs?

____ (tanárnő)

8. Kié az a radír?

____ (Hilda)

9. Kié az a fekete cipő?

____ (pincér)

10. Kié ez az ágy?

____ (a testvérünk)

소유대명사

KINEK A TOLLA EZ?
KIÉ EZ A TOLL?

én	(az) enyém
te	(a) tiéd
ő	(az) övé
Ön	(az) Öné
mi	(a) miénk
ti	(a) tiétek
ők	(az) övék
Önök	(az) Önöké

소유관계가 되도록 질문들을 만들고 그 질문들에 답하시오!

	én	te	Hedvig	ő	Ön	mi	ti	diákok	ők	Önök
könyv										
lakás										
bicikli										
kocsi										

pl.

Kinek a könyve ez?
Ez az én könyvem.
Ez a könyv az enyém.

✅ 주어진 인칭에 맞게 다음 문장들을 완성하시오!

1. Ez az én székem, az pedig a ______________ . (te)

2. A mi autónk a garázsban van, a ______________ (ti) pedig az utcán.

3. Az ő barátja kínai, az ______________ (én) pedig japán.

4. A mi tanárunk férfi, az ______________ (ők) pedig nő.

5. Magyarország fővárosa Budapest, ______________ (Dél-Korea) pedig Szöul.

6. Az én hajam fekete, az ______________ (Ön) pedig barna.

7. A ti lakásotok Gángnámban van, a ______________ (mi) pedig Bundángban.

8. Az én kedvenc ételem a pacal, az ______________ (ő) pedig a bulgogi.

9. Ez a mi buszunk, az pedig a ______________ . (ti)

10. Az én telefonom régi, de a ______________ (te) új.

A barátnőm Mária nem túl magas, de arányos testalkatú. Szép, kerek arca van. A bőre fehér. Fekete haja és kék szeme van. Ez elég ritka! A haja egyenes és hosszú, körülbelül a vállláig ér. Az orra nem túl nagy. A szemöldöke is fekete, a szempillája pedig nagyon hosszú. Sokat sportol, ezért izmos.

Az én barátnőm nagyon tetszik nekem! Ő nagyon kedves lány! A haja barna és egy kicsit hullámos. A szeme is barna, és szerintem nagyon szép. Az orra és a füle kicsi. A barátnőm szemüveges, de nagyon jól áll neki a szemüveg!

Az az igazság, hogy én nem vagyok jóképű. Sőt, ... Mostanában nem sportolok, ezért egy kicsit kövér vagyok. A hajam barna és elég rövid. A szemem sötétbarna, és a bőröm is barna. Az orrom elég nagy, és a fülem sem kicsi. Szakállam nincs, de bajuszom van. Én is szemüveges vagyok, de szerintem nekem nem áll jól a szemüveg.

TESTRÉSZEK 신체부위

szem

orr

száj

fül

haj

bőr

szemöldök

szempilla

szakáll

bajusz

✔ 보기와 같이 소유구문을 만드시오!

Pl.

nagy fül(큰 귀)	ő	nagy füle van(그는 귀가 크다)

fekete haj	én	____________
kék szem	ő	____________
piros száj	te	____________
nagy orr	mi	____________
rövid haj	ti	____________
kicsi fül	ők	____________
szemüveg	Ön	____________
fekete szemöldök	ti	____________
hosszú szakáll	Önök	____________
barna bajusz	te	____________

Hogy néz ki a/az ...? (어떻게 생겼어?)

Hogy néz ki a testvéred?
A testvérem elég magas, de egy kicsit duci. Hosszú, fekete haja van ...

fiatal	öreg/idős
magas	alacsony
kicsi	nagy
kövér	sovány/vékony
karcsú (nő)	
erős/izmos	gyenge
átlagos	
arányos	
jóképű	helyes (férfi)
szép	csúnya (nő)

haj!

szőke
barna
fekete
vörös
ősz

Hogy néz ki ...?

… az apád?
… az anyád?
… a barátod?
… a barátnőd?

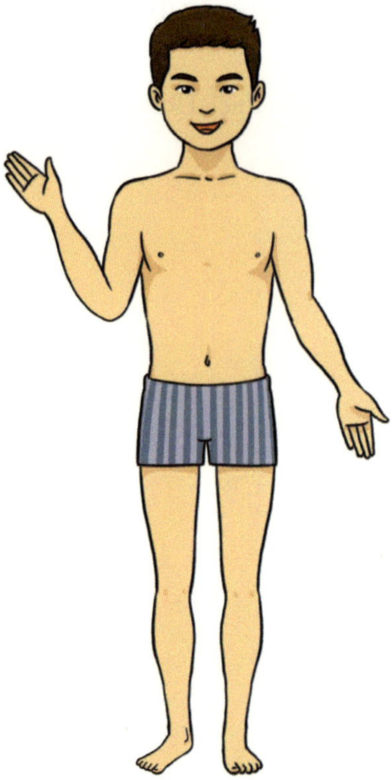

fej	kéz	térd
nyak	ujj(ak)	könyök
váll	has	láb
mell	hát	lábujj(ak)
kar	derék	

형용사 파생접사 -Ú/-Ű

arc		arcú
szem		szemű
haj	+ -Ú/-Ű	hajú
szemöldök		szemöldökű
orr		orrú
fej		fejű

A barátomnak kerek arca van. = A barátom kerek arcú.
A testvéremnek kék szeme van. = A testvérem kék szemű.
A szüleimnek barna haja van. = A szüleim barna hajúak.

✓ 다음 표현을 형용사 파생접사 -Ú/-Ű를 사용하여 다시 쓰시오!

szép arca van ______ szép arcú

szőke haja van ______ szőke hajú

kék szeme van ______

hosszú lábuk van ______

nagy fejük van ______

széles válla van ______

erős kezük van ______

hosszú nyaka van ______

형용사 파생접사: -(A)S/-(E)S

szakáll - szakállas

Van szakálla. = (Ő) szakállas.

Van bajuszuk. = (Ők) bajuszosak.

Van szemüvegem. =Szemüveges vagyok.

Nincs szemüvegem. = Nem vagyok szemüveges.

Írd le a képen látható személyt!

Írd le a képen látható személyt!

MILYEN ÍZE VAN? = MILYEN ÍZŰ?

Sós íze van. = Sós ízű. = Sós.
Édes íze van. = Édes ízű. = Édes.

csípős
keserű
savanyú
sós
zsíros
erős
fűszeres
édes

A fehér rózsa nagyon tetszik nekem.
Nórának tetszenek a piros autók.
A királyi palota nagyon tetszik a turistáknak.
A fehér kutyák tetszenek nekünk.
Tetszik neked Budapest?
Te nagyon tetszel nekem. Én is tetszem neked?

VMI/VKI TETSZIK VKINEK
VMIK/VKIK TETSZENEK VKINEK

✅ 주어진 단어들을 사용하여 문장을 완성하시오!

1. az az épület/én

____ .

2. a popsztárok/Dzsi Min

____ .

3. Szöul/ti

____ ?

4. a K-pop/mi

____ .

5. a komolyzene/nem/ők

____ .

6. a romantikus filmek/te

____ .

7. Budapest/Önök

____ ?

8. az érdekes könyvek/ti

____ .

9. az előadás/Ön

____ ?

10. a csárdás/te

____ ?

Az a cipő jól áll neked.
A piros ruhák jól állnak neki.
- Szerinted jól áll nekem ez az ing?
- Igen, szerintem nagyon jól áll.
Jól áll nektek a hanbok!

VMI JÓL ÁLL VKINEK (~이 ~에게 잘 어울리다)

✔ 당신과 당신 친구들에게 무엇이 잘 어울리는지 몇 개의 문장을 만들어 보시오!

Nekem nagyon jól áll ez a fekete cipő.

A barátomnak nagyon jól áll a piros sapka.

Senki nem szeret orvoshoz járni, de néha ...

- Fáj a fejem.
- Fáj a torkom.
- Lázas vagyok. stb.

Még néhány, betegséggel kapcsolatos szó: 질병 관련 어휘

fájdalomcsillapító	folyik az orra/náthás
lázcsillapító	injekció
gyógyszer	köhög
beteg	köhögés
betegség	másnapos(ság)
rendelő	mentő
kórház	recept
gyógyszertár	torok
szédül	influenza

연습 문제

의미가 통하도록 다음 문장을 완성하시오!

1. A diák( ) van telefonja.

① -ban ② -ot ③ -nak ④ -ok

2. ( ) is van kutyám.

① Nekem ② Ki ③ Hol ④ Hány

3. Hol van a ti telefon( )?

① -etek ② -otok ③ -itek ④ -tok

4. A tanár telefon( ) új.

① -ok ② -a ③ -ja ④ -jai

5. A bolt messze van a lakás( )

① -ból ② -tól ③ -ba ④ -hoz

6. Ennek az orvos( ) van a betege.

① -nak ② -ok ③ -ot ④ -nél

7. A lakás közel van a metró( ).

① -ból ② -tól ③ -ba ④ -hoz

SZÓSZEDET 어휘

Főnevek(명사)

általános iskola
anya
apa
báty
fiú
gyerek/gyermek
húg
lány
meny
mérnök
nagyanya/nagymama
nagyapa/nagypapa
nagybácsi
nagynéni
nővér
öcs
teló
testvér
unoka
unokahúg
unokaöcs
unokatestvér
vő

Igék(동사)

ért vmihez

Melléknevek(형용사)

szorgalmas
nős

Kifejezések(관용 표현)

5 percre van.
Igaza van.
Jól áll.

11. lecke

SZERETSZ SPORTOLNI? SZERETED A KÁVÉT?

운동 좋아하니? 커피 좋아하니?

학습목표

- '~을 좋아하다' 표현 익히기
- 동사 인칭변화의 2변화 익히기
- LEHET/KELL/SZABAD/TILOS 구문 익히기

도입 질문

1. '~을 좋아하다'를 헝가리어로 어떻게 표현할까요?
2. 동사 인칭변화의 1변화와 2변화의 차이점은 무엇인가요?
3. 취미와 관련된 헝가리어 어휘들은 어떤 것들이 있을까요?
4. 의무, 가능, 금지 표현은 어떻게 하나요?

SZERETSZ SPORTOLNI? SZERETED A KÁVÉT? 운동 좋아하니? 커피 좋아하니?

Szabadidőmben szeretek sportolni. Szeretek futni és biciklizni is, de inkább játszani szeretek, ezért nagyon szeretem a focit. Szeretek focizni, teniszezni, tollaslabdázni és pingpongozni is. De tényleg a foci a kedvencem. Nem csak a sportot szeretem. Szeretem a jó filmeket is! Szeretek filmet nézni és olvasni is. Sajnos, kevés szabadidőm van!

szeretek szeretsz szeret szeretünk szerettek szeretnek	+ V-ni

- Én szeretek olvasni. És te? Mit szeretsz csinálni?
- Én is szeretek olvasni, de szeretek sportolni is.
- Én szeretek futni, de nem szeretek úszni.

sportol	énekel	főz
focizik	táncol	moziba jár
tollaslabdázik	zenél	fagyit eszik
pinpongozik	zenét hallgat	sört iszik
teniszezik	tévét néz	szörfözik
fut	filmet néz	síel
úszik	olvas	számítógépezik

자신이 좋아하는 취미와 좋아하지 않는 취미를 적어보시오!

TE

	SZERET	NEM SZERET
olvas		
számítógépezik		
főz		

파트너에게 좋아하는 취미와 좋아하지 않는 취미가 무엇인지 물어보고 그 내용을 적으시오!

PARTNER

	SZERET	NEM SZERET
olvas		
számítógépezik		
főz		

파트너와의 대화 내용을 바탕으로 보기처럼 두 사람 모두 좋아하는 취미와 한 사람만 좋아하는 취미를 문장으로 만들어 보시오!

Én szeretek olvasni, **és** ő **is** szeret olvasni.
Mi szeretünk olvasni.

Én szeretek focizni, **de** ő **nem** szeret olvasni.

- Szeretek kávét inni. A kedvenc kávém az eszpresszó. A kedvencem az eszpresszó.
- Szeretek finom ételeket enni. A kedvenc ételem a pacal. A kedvencem a pacal.

- Mi a kedvenc ételed?
- A kedvenc ételem a pacal. A kedvencem a pacal.

- Mi a kedvenc ________________ -d?

- A kedvenc ____________ a ____________ . A kedvencem a ____________ .

étel	könyv	ország	virág
ital	zene	állat	épület
film	város	növény	

✔ 위의 단어들을 사용하여 파트너와 보기처럼 좋아하는 것을 서로 묻고 답하시오!

- Mi a kedvenc virágod?
A kedvenc virágom a rózsa. A kedvencem a rózsa.

- Ki a kedvenc színésznőd?
- A kedvenc színészem Eszenyi Enikő.

színész	énekes	tanár	diáktárs
színésznő	zenész	fodrász	

✅ 위의 단어들을 사용하여 파트너와 보기처럼 서로 묻고 답하시오!

- Ki a kedvenc zenészed?

A kedvenc zenészem Liszt Ferenc.

Nagyon szeretek sportolni, és azt hiszem, elég jól tudok focizni. De nem szeretek énekelni és táncolni, mert nem tudok sem énekelni, sem táncolni. Jól tudok főzni, de nem tudok vasalni.

tudok
tudsz
tud
+ V-ni
tudunk
tudtok
tudnak

- Én tudok úszni, de nem tudok síelni.
- Én is tudok úszni, de én sem tudok síelni.
- Hm ... Mi tudunk úszni, de nem tudunk síelni.

focizik	zenél	korcsolyázik
tollaslabdázik	japánul beszél	biciklizik
pingpongozik	olvas	kosárlabdázik
teniszezik	főz	rajzol
fut	szörfözik	varr
úszik	síel	szalad
énekel	jól számítógépezik	
táncol	koreaiul beszél	

TE

	TUD	NEM TUD
kínaiul beszél		
jól számítógépezik		
főz		

PARTNER

	TUD	NEM TUD
kínaiul beszél		
jól számítógépezik		
főz		

파트너와의 대화 내용을 바탕으로 보기처럼 두 사람 모두 할 수 있는 것과 한 사람만 할 수 있는 것을 문장으로 만들어 보시오!

Én tudok főzni, **és** ő **is** tud főzni.
Mi tudunk főzni.

Én tudok focizni, **de** ő **nem** tud focizni.

Szeretek filmet nézni. Nagyon szeretem az izgalmas filmeket. A jó könyveket is szeretem. De szeretem a sportot és a zenét is. A K-popot és a hip-hopot szeretem, de a klasszikus zenét nem szeretem.

szeretem
szereted
szereti

A/AZ -T

szeretjük
szeretitek
szeretik

인칭	후설모음	전설모음	원순모음
én	om	em	öm
te	od	ed	öd
ő/Ön	ja	i	
mi	juk	jük	
ti	játok	itek	
ők/Önök	ják	ik	

- Szereted a kávét?
- Igen, szeretem. És te?
- Én is szeretem.
- Hm ... mi szeretjük a kávét.

- Én nem szeretem.

- Szereted a/az ________________?
- Igen, szeretem. És te?
- Én is szeretem.

- Én nem ________________.

pizza	zene	Lili
sonkás szendvics	filmek	a koreai ételek
kóla	jó könyvek	szodzsu
hamburger	Bruce Willis	sör
almalé	a tanárnő	bor
sport	Dzsun Bam	

TE

	SZERET	NEM SZERET
sör		
gyümölcs		
leves		

PARTNER

	SZERET	NEM SZERET
sör		
gyümölcs		
leves		

파트너와의 대화 내용을 바탕으로 보기처럼 두 사람 모두 좋아하는 것과 한 사람만 좋아하는 것을 문장으로 만들어 보시오!

Én szeretem a sört, **és** ő **is** szereti a sört.
Mi szeretjük a sört.

Én szeretem a kólát, **de** ő **nem** szereti a kólát.

Júniusban Magyarországra utazom. Nem ismerem Magyarországot. Tudom, hogy Budapest a fővárosa, és tudom, hogy Budapest nagyon szép. Júniusban megnézem a fővárost, Szegeden megkóstolom a halászlét, és Debrecenben megnézem a virágkarnevált is. Szegedet és Debrecent sem ismerem, de nagyon kíváncsi vagyok rájuk.

동사의 현재 2변화

én	tanulom	szeretem	sütöm
te	tanulod	szereted	sütöd
ő/Ön	tanulja	szereti	süti
mi	tanuljuk	szeretjük	sütjük
ti	tanuljátok	szeretitek	sütitek
ők/Önök	tanulják	szeretik	sütik

문장에서 동사가 다음 8가지 조건에 해당되면 2변화로 인칭변화 한다.

1) 목적어에 정관사가 있는 경우(a, az)
2) 목적어가 고유명사인 경우
3) 목적어가 3인칭 대명사인 경우(őt, önt, őket, önöket)
4) 목적어가 지시대명사인 경우(ezt, azt 등)
5) 목적어에 소유격 어미가 포함되어 있는 경우
6) 목적어가 종속문이나 인용문 전체인 경우
7) 목적어가 재귀대명사인 경우(magam, magad, maga, magunk, magatok, maguk)
8) 목적어가 다음의 단어들인 경우(egymást, mindet, melyiket, amelyiket)

✅ 알맞은 동사 형태를 써 넣으시오!

__________ a színházat. (én, lát)

__________ a sajtot? Igen, ______________. (te, szeret)

Azt a képet ______________? (ti, kér)

Melyik lányt ______________? (ők, vár)

Kit __________? (ti, vár) A postást __________. (mi, vár)

_____________ Kodály Zoltánt? (Ön, ismer) Igen, _____________.

Mikor ______________ ezt a könyvet? (ti, használ)

Krisztina _____________ a magyar nyelvet (tanít), ti pedig _______________. (tanul)

Kati _________________ (kinyit) a könyvet.

Mit ________________? (te, olvas) Egy magyar könyvet ______________. (olvas) És te?

Én a tankönyvet _________________. (olvas)

Mit _________________ a tévében? (ők, néz)

Egy koreai drámát ________________. (ők, néz)

Anya a kulcsot ________. (keres)

A csokoládét sok gyerek ________. (szeret)

________ még levest? (ti, kér)

A papírboltot ________ (én, keres), nem ________

(Ön, tud), hol van?

Mit ________?(te, csinál)

E-mailt ________. (ír) És te?

Tévét ________. (néz)

A nagymama kávét ________ (főz) a konyhában, a nagypapa pedig újságot ________ (olvas) a nappaliban.

________ a kávét? (te, szeret)

Igen, nagyon ________. (szeret)

LEHET/KELL/SZABAD/TILOS

Min Dzsun:	Szia, Lili! Hogy vagy?
Lili:	Szia! Köszi, jól vagyok.
Min Dzsun:	Azért telefonálok, mert holnap a koreai barátaimmal elmegyünk a COEX-be. Nem akarsz jönni? Csenge és Nóra is jöhet, ha akar.
Lili:	Mikor mentek?
Min Dzsun:	Nem túl korán, de még délelőtt elindulunk.
Lili:	Nem ismerem a COEX-et ... mit lehet ott csinálni?
Min Dzsun:	Nagyon sok dolgot. A COEX hatalmas ... Rengeteg étterem van ott, lehet enni és inni. Délelőtt indulunk, mert ott ebédelünk. Vannak kávézók is, ebéd után lehet kávézni is.
Lili:	Mit lehet még csinálni?
Min Dzsun:	Nagyon sok üzlet is van: lehet vásárolni. Ruhát, cipőt, könyvet, nagyon sok mindent. Van mozi is, filmeket is lehet nézni. És lent van egy vízi állatkert, Aquarium a neve, ott halakat és más vízi állatokat lehet látni.
Lili:	Ez nagyon érdekesen hangzik. De biztosan nem lehet fürödni ott, ugye?
Min Dzsun:	Hahaha ... de igen, lehet! Van egy koreai fürdő is! És ha akarsz, szerencsejátékot is lehet játszani ... van egy kaszinó is. És ha sok pénzt nyersz, felszállhatsz a repülőtéri buszra, kimehetsz a reptérre, és elutazhatsz bárhová.
Lili:	Van más látnivaló is?
Min Dzsun:	Ha ez nem elég, meg lehet nézni a kimcsimúzeumot, és meg lehet kóstolni a kimcsit. Kiállításokat és a színházi előadásokat is lehet látni ott.
Lili:	Hm ... szívesen elmegyek én is, és megkérdezem Csengét és Nórát is!
Min Dzsun:	Az Aquarium és a mozi nem ingyenes, oda jegyet kell venni, és ha autóval mész, a parkolóban is fizetni kell.

Min Dzsun: Na, ez itt a COEX.
Nóra: Tényleg hatalmas.
Dzsun Sza: Most bemegyünk.
Bent is nagyon nagy!

COEX (코엑스의 전경).jpg by Answerer 5do, CC BY-SA 4.0, 위키미디아 커먼스

Lili: Mi az a felirat, ott?
Dzsun Sza: Az épületben tilos dohányozni. Kint, a téren van egy dohányzóhely, csak ott szabad cigarettázni.
Csenge: És az a felirat?
Min Dzsun: Oda most nem szabad bemenni, mert egy új kiállítást építenek. És azokra a padokra sem szabad leülni, mert azok a kiállításhoz tartoznak. Bemegyünk az étterembe?
Csenge: Persze, már nagyon éhes vagyok.
Dzsun Sza: Ez egy koreai étterem, itt le kell venni cipőt, tudjátok!
Nóra: Persze, és fel kell tenni oda, arra a polcra, ugye?
Dzsun Sza: Nem kell feltenni, lent is lehet hagyni, ha akarod.
Nóra: Van nálam egy üveg kóla. Be szabad vinni?
Min Dzsun: Persze, de bent tilos inni belőle.

Az étteremben koreai ételeket lehet enni.
Az Aquariumban érdekes halakat lehet látni.
A metrón jegyet kell venni.
Itt nem kell levenni a cipőket.
Itt szabad parkolni, de ott nem szabad.
Neki nem szabad fagylaltot enni, mert beteg.
Itt tilos cigarettázni.
A magyarórán tilos koreaiul beszélni.

LEHET
KELL + V-ni
SZABAD
TILOS

다음 문장에 알맞은 조동사를 써 넣으시오!

1. A parkban ______________ focizni.

2. Télen a hegyekben ______________ síelni.

3. Az autóbuszra, metróra jegyet ______________ venni.

4. Aki nem tud úszni, annak ______________ bemenni a tengerbe.

5. Kutyával ______________ felszállni a villamosra.

6. A piros lámpánál meg ______________ állni, de a zöld lámpánál tovább ______________ menni.

7. A nyelvi épületben ______________ dohányozni.

8. Erre a buszra mindig sokat ______________ várni.

9. A múzeumban ______________ fényképezni.

10. Ott ______________ felszállni a buszra.

11. A metrón csak jeggyel vagy bérlettel ______________ utazni.

12. Sok hó van, ezért most ______________ síelni.

13. A Mom's Touch-ban finom hamburgert ______________ enni.

14. Ezen a buszon mindenkinek le ______________ ülni.

Min Dzsun:	Lili! Áprilisban Magyarországra utazom repülővel.
Lili:	Most először repülsz?
Min Dzsun:	Igen, először. Nagyon hosszú az út, körülbelül tizenegy óra. Mit lehet csinálni a repülőgépen?
Lili:	Lehet enni és inni. Ha akarsz, kérhetsz sört vagy bort is. Aztán lehet filmet nézni vagy zenét hallgatni, és lehet játszani is.

✅ 항공기 내에서 무엇이 가능하고 무엇을 해야하고, 또 무엇을 해도 되고 무엇을 하면 안되는지 아래 단어와 표현을 사용하여 조언해 보시오!

leül
felteszi a táskát
bekapcsolja a biztonsági övet
dohányzik
hangosan beszél
pihen
alszik

tévét, filmet néz
italt kér
mosdót használ
fogat mos
parfümöt, cigarettát vásárol
stb.

Mit szabad/tilos/lehet/kell csinálni ...
... otthon, a lakásban?

... egy koreai középiskolában?

- Nem kérsz **valamilyen** desszertet?
- Nem, nem kérek **semmilyen** desszertet.

- Nem utazunk el **valahova**?
- Nem, nem utazunk el **sehova**.

valami	semmi
valaki	senki
valamilyen	semmilyen
valahogyan	sehogyan
valahol	sehol
valahonnan	sehonnan
valahova	sehova
valamennyi	semennyi

위의 단어들을 사용하여 유사한 질문들을 만들고 답하시오!

Nem vásárolsz valamennyi gyümölcsöt?
Nem, nem vásárolok semennyi gyümölcsöt sem.

연습 문제

의미가 통하도록 다음 문장을 완성하시오!

1. Ki a ( ) színészed?

① szeret ② jó ③ rossz ④ kedvenc

2. Szeretek finom ételeket ( ).

① eszik ② esz ③ enni ④ evő

3. Szeret( ) a kávét?

① -sz ② -etek ③ -ünk ④ -ed

4. Ezt a képet kér( )?

① -sz ② -tek ③ -ek ④ -itek

5. ( ) a lakásban lakom.

① Ez ② Ebben ③ Azzal ④ Mi

6. A metrón jegyet ( ) venni.

① kell ② tilos ③ nem szabad ④ nem kell

7. Szeptember( ) Magyraországra utazom.

① -ból ② -ben ③ -en ④ -ről

SZÓSZEDET 어휘

Főnevek(명사)

állat
bor
diáktárs
énekes
felirat
halászlé
kulcs
növény
pacal
postás
sapka
sál
sajt
sör
szabadidő
színész
színésznő
színház
születésnap
város
virág
zenész

Igék(동사)

betesz
fut
hallgat
ismer
játszik
keres
kinyit
korcsolyázik
kosárlabdázik
rajzol
síel
szörföz
táncol
úszik
vasal

Melléknevek(형용사)

klasszikus
kíváncsi

Kifejezések(관용 표현)

tényleg
kedvenc

12. lecke

INTERAKTÍV CSOPORTMUNKA
쌍방향 공동 작업

학습목표

- 인터넷으로 헝가리어 정보 구하기
- 인터넷으로 각종 표 구매하기
- 헝가리어로 이메일 보내기

도입 질문

1. 헝가리어 웹사이트를 통해 어떤 정보들을 어떻게 얻을 수 있나요?
2. 인터넷으로 헝가리 기차표를 어떻게 구매할 수 있나요?
3. 헝가리어 웹사이트를 통해 호텔을 어떻게 예약할 수 있나요?
4. 헝가리 사람들은 이메일을 어떤 형식으로 보내나요?

A barátaiddal Magyarországra utazol. Egy hónapig maradtok ott. Az utazás előtt meg kell terveznetek, hogy mikor, mivel akartok utazni, mit akartok megnézni Magyarországon, hol akartok lakni. Repülőjegyet kell venni, szállást foglalni, valutát váltani.

I. 인터넷과 안내책자에서 헝가리에 관한 다양한 정보를 찾아보시오!

Mi az ország fővárosa?
Melyek a nagyobb városok?
Hol vannak folyók, tavak, hegyek?
Hol vannak érdekes helyek?
Milyen a tömegközlekedés?
stb.

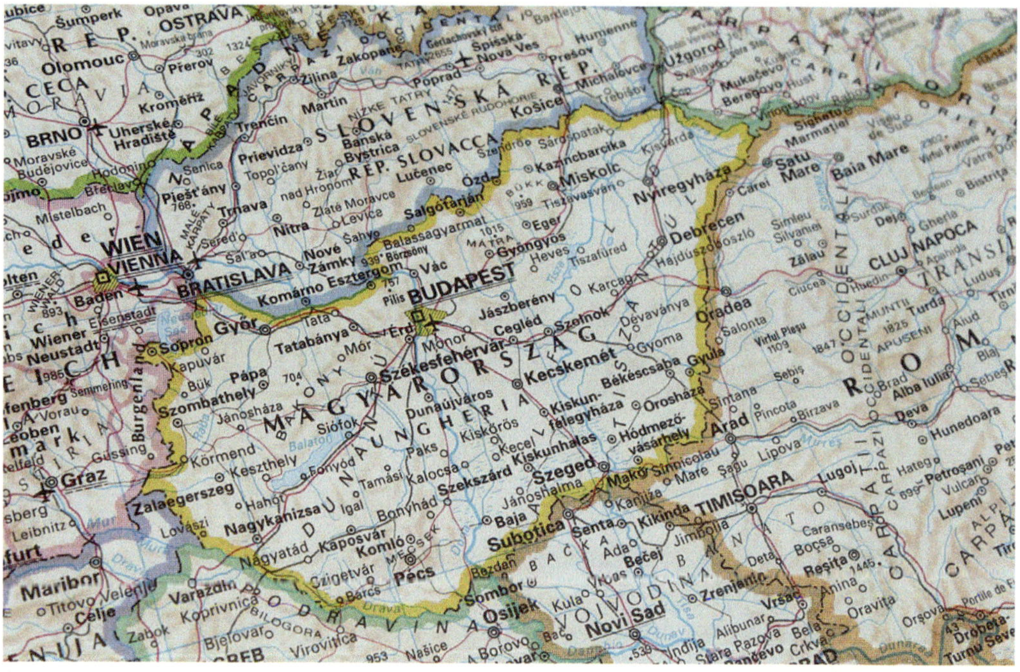

인터넷에서 정보를 찾아서 위의 질문들에 답하시오!

헝가리 철도청(www.mavcsoport.hu) 사이트를 방문하여 부다페스트에서 기차를 타고 헝가리의 어느 도시를 갈 수 있는지 말해보시오!

✔ 헝가리에서는 어떤 화폐를 사용할까요?

✔ 헝가리 국립은행(www.mnb.hu) 사이트를 방문하여 현재 원화, 유로화, 달러의 환율이 얼마인지 말해보시오!

II. 부다페스트행 항공권을 구매해 보시오!

- 항공권 예약 사이트(예: www.skyscanner.hu)를 통해 어느 항공을 타고 인천에서 부다페스트로 갈 수 있는지 말해보시오!

- 한국과 헝가리 사이에 직항기를 운행하고 있는 대한항공과 LOT항공(www.lot.hu) 사이트를 방문하여 출발 요일과 시간, 도착 요일과 시간, 그리고 가격을 알아보고 아래 표에 정리해 보시오

	LÉGITÁRSASÁG	LÉGITÁRSASÁG	LÉGITÁRSASÁG	LÉGITÁRSASÁG
INDULÁS				
ÉRKEZÉS				
ÁR				
INDULÁS				
ÉRKEZÉS				

III. 헝가리 숙박 예약 사이트(예: www.szallas.hu)를 통해 부다페스트 숙소를 찾아보고 왜 그 숙소를 원하는지 헝가리어로 말해보시오!

Milyen szállást akartok foglalni?

- szálloda, motel, panzió, hostel?
- hány napra?
- egyágyas szoba/kétágyas szoba?
-
-

✅ 숙소에 무엇을 문의하고 싶은가요? 질문들을 만들어 보시오!

1. Hely?
   Hol van a szálloda?

2. Ár?
   Mennyibe kerül egy szoba?

3. ______________________________

4. ______________________________

5. ______________________________

6. ______________________________

7. ______________________________

IV. 헝가리 대사관 사이트(https://szoul.mfa.gov.hu)를 통해 대사관의 근무 요일과 시간 등을 알아보고 궁금한 점을 묻는 이 메일을 헝가리어로 써보시오!

Jangmun-ro 58, Yongsan-gu, 04393 Seoul, Republic of Korea
+82 02 792-2105
mission.sel@mfa.gov.hu

편지나 이메일을 쓸 때 유용한 표현
- Kedves/ Tisztelt
- Szertnék időpontot kérni.
- Szertném megkérdezni, hogy mire van szükség a vizumhoz.
- Válaszukat előre is köszönöm.
- Tisztelettel/ Üdvözlettel
- Dátum

V. 여행을 갈 때 어떤 옷과 물건들을 가져가나요? 손가방에는 무엇을 넣나요? 리스트를 헝가리어로 만들어 보시오!

GYAKRAN FOGOD HALLANI AZ UTCÁN ☺

na!
nahát!
végre!
húha!
jaj!
ajjaj!

INDULATSZAVAK

na!: Na tessék! Már megint esik.
nahát!: Nahát! Zöldre festetted a hajad?
végre!: Végre kezdődik a nyári szünet!
húha!: Húha, de megijedtem!
jaj!: Jaj! Otthon felejtettem a telefonomat!
ajjaj: Ajjaj, gond van: a kutya megette a tortát, most mit adunk a vendégeknek?

연습 문제

1. 다음 정보와 맞지않는 것을 고르시오.

Autóbusz-menetrend

Népliget autóbusz állomás	
Népliget-Keszthely	10:30, 14:30, 17:30
Népliget-Pécs	14:30
Népliget-Szeged	11:15, 12:45, 17:20, 19:30

① Pécsre délelőtt és délután is megy busz.

② Szegedre négy busz indul.

③ A buszok Szegedre, Keszthelyre és Pécsre mennek.

④ Az autóbuszok a Népligetből indulnak.

2. 다음 정보와 맞지않는 것을 고르시오.

Időjárásjelentés

február 10. kedd	Budapest	napsütés	2 fok
február 10. kedd	Szeged	eső	18 fok
február 11. szerda	Budapest	napsütés	8 fok
február 11. szerda	Szeged	szél	1 fok

① Kedden Budapesten hideg lesz.

② Kedden Szegeden jó idő lesz.

③ Február 11-én Szegeden nagyon hideg lesz.

④ Szerdán Budapesten jó idő lesz.

3. 다음 정보와 맞지않는 것을 고르시오.

Vonat-menetrend

Budapest Nyugati pályaudvar-Szeged	15:25	személyvonat
Budapest Nyugati pályaudvar-Debrecen	09:30	Intercity (IC)
Budapest Nyugati pályaudvar-Vác	12:00	gyorsvonat
Budapest Nyugati pályaudvar-Dunakeszi	14:35	Intercity (IC)

① Budapestről egy vonat indul Szegedre.

② Vácra délben indul a vonat.

③ Szegedre nem megy gyorsvonat.

④ Dunakeszire délelőtt indul a vonat.

MEMO

Szervusztok!

부록

Függelék

Szia!

Isten

- 연습문제 정답

hozott!

Megoldás

연습문제 정답

1. LECKE

(Nincsenek ellenőrző kérdések.)

2. LECKE

1. ①
2. ④
3. ③
4. ③
5. ③

3. LECKE

1. ①
2. ③
3. ①, ③, ④
4. ②
5. ②

4. LECKE

1. ③
2. ②

5. LECKE

1. ②
2. ③
3. ②
4. ④
5. ③

6. LECKE

1. ④
2. ③
3. ②
4. ③
5. ①

7. LECKE

1. ③
2. ④
3. ④

8. LECKE

1. ④
2. ①
3. ②
4. ①
5. ① ③
6. ④
7. ②
8. ④
9. ②
10. ③

9. LECKE

1. ③
2. ④
3. ④
4. ①
5. ④
6. ①
7. ②

10. LECKE

1. ③
2. ①
3. ②
4. ③
5. ②
6. ①
7. ④

11. LECKE

1. ④
2. ③
3. ④
4. ④
5. ②
6. ①
7. ②

12. LECKE

1. ①
2. ②
3. ④

헝가리어 표준 교재 A1

초판 인쇄	2019년 11월 20일
초판 발행	2019년 11월 27일
지은이	유진일, Kovács Sándor
발행인	김인철
총괄 · 기획	가정준 Director, University Knowledge Press
편집장	신선호 Executive Knowledge Contents Creator
기획 · 물류	이현진 Planning Expert
사전 · 도서편집	정준희 Contents Creator
전자책 · 도서편집	장혜린 Contents Creator
도서편집	이병철 Contents Creator
	이근영 Contents Creator
재무관리	하누리 Managing Creator
발행처	한국외국어대학교 지식출판콘텐츠원
	02450 서울특별시 동대문구 이문로 107
	전화 02)2173-2493~7
	팩스 02)2173-3363
	홈페이지 http://press.hufs.ac.kr
	전자우편 press@hufs.ac.kr
	출판등록 제6-6호(1969. 4. 30)
디자인 · 편집	(주)이환디앤비 02)2254-4301
인쇄 · 제본	(주)트윈벨미디어 02)2088-1810

ISBN 979-11-5901-656-1 14730 정가 28,000원
ISBN 979-11-5901-655-4 (세트)

*잘못된 책은 교환하여 드립니다.

불법복사는 지적재산을 훔치는 범죄행위입니다.
저작권법 제136조(권리의 침해죄)에 따라 위반자는 5년 이하의 징역 또는 5천만 원 이하의 벌금에 처하거나 이를 병과할 수 있습니다.

HUINE은 한국외국어대학교 지식출판콘텐츠원의 어학도서, 사회과학도서, 지역학 도서 Sub Brand이다. 한국외대의 영문명인 HUFS, 현명한 국제전문가 양성(International +Intelligent)의 의미를 담고 있으며, 휴인(携引)의 뜻인 '이끌다, 끌고 나가다'라는 의미처럼 출판계를 이끄는 리더로서, 혁신의 이미지를 담고 있다.

이 책의 음원(mp3)은 한국외국어대학교 지식출판콘텐츠원 홈페이지 (press.hufs.ac.kr) - 게시판 - 자료실에서 다운받아 사용하시기 바랍니다.